L&PM POCKET ENCYCLOPÆDIA

Império Romano

Budismo – Claude B. Levenson
Cleópatra – Christian-Georges Schwentzel
A crise de 1929 – Bernard Gazier
Cruzadas – Cécile Morrisson
Sigmund Freud – Edson Sousa e Paulo Endo
Geração Beat – Claudio Willer
Império Romano – Patrick Le Roux
Revolução francesa – Frédéric Bluche, Stéphane Rials e Jean Tulard
Santos Dumont – Alcy Cheuiche

Próximos lançamentos:

Cabala – Roland Goetschel
Capitalismo – Claude Jessua
Egito Antigo – Sophie Desplancques
Escrita chinesa – Viviane Alleton
Existencialismo – Jacques Colette
História do vinho – Jean-François Gautier
História de Paris – Yvan Combeau
Islã – Paul Balta
Marxismo – Henri Lefebvre
Mitologia grega – Pierre Grimal
Tragédias gregas – Pascal Thiercy

Patrick Le Roux

Império Romano

Tradução de William Lagos

www.lpm.com.br

L&PM POCKET

Coleção **L&PM** Pocket, vol. 763

Patrick Le Roux é professor da Universidade de Paris 13.

Título original: *L'Empire romain*

Primeira edição na Coleção **L&PM** POCKET: abril de 2009

Capa: Ivan Pinheiro Machado. *Ilustração*: Estudo de 1796 para *As sabinas*, de Jean-Louis David (Museu do Louvre)
Tradução: William Lagos
Preparação de original: Lia Cremonese
Revisão: Gustavo de Azambuja Feix

CIP-Brasil. Catalogação-na-Fonte
Sindicato Nacional dos Editores de Livros, RJ

L626i

Le Roux, Patrick, 1943-
Império Romano / Patrick Le Roux ; tradução de William Lagos. – Porto Alegre, RS : L&PM, 2009.
144p. : il. – (Coleção L&PM Pocket; v. 763)

Tradução de: *L'Empire romain*
Inclui bibliografia
ISBN 978-85-254-1830-2

1. Roma - História - Império, 30 a.C.-476 d.C. I. Título. II. Série.

09-1450. CDD: 937.06
CDU: 94(37)

Rua Comendador Coruja 314, loja 9 – Floresta – 90220-180
Porto Alegre – RS – Brasil / Fone: 51.3225.5777 – Fax: 51.3221-5380

PEDIDOS & DEPTO. COMERCIAL: vendas@lpm.com.br
FALE CONOSCO: info@lpm.com.br
www.lpm.com.br

Impresso no Brasil
Outono de 2009

Sumário

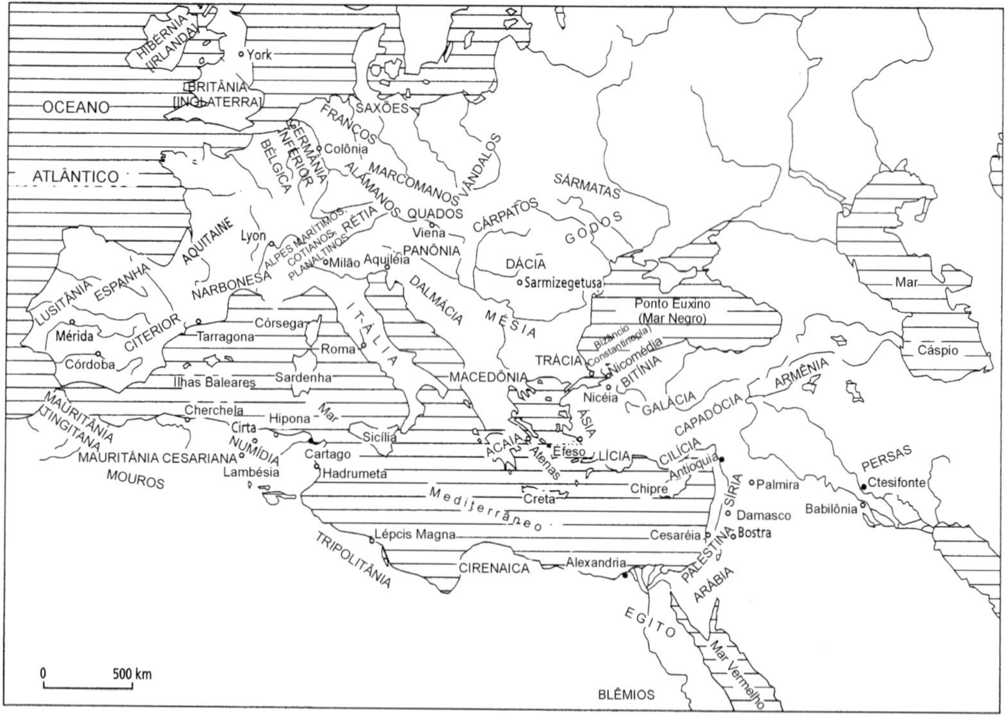

HIBÉRNIA [IRLANDA]
York
BRITÂNIA [INGLATERRA]
OCEANO
ATLÂNTICO
SAXÕES
FRANCOS
GERMÂNIA INFERIOR
Colônia
BÉLGICA
MARCOMANOS
VÂNDALOS
ALAMANOS
QUADOS
SÁRMATAS
CÁRPATOS
GODOS
Viena
RÉTIA
ALPES MARÍTIMOS, COTIANOS, PLANALTINOS
Lyon
AQUITAINE
Milão
Aquiléia
PANÔNIA
DÁCIA
Sarmizegetusa
LUSITÂNIA
ESPANHA
NARBONESA
DALMÁCIA
MÉSIA
Ponto Euxino (Mar Negro)
Mar
Cáspio
Mérida
CITERIOR
Córsega
Tarragona
ITÁLIA
Bizâncio Constantinopla
Nicomédia
TRÁCIA
Córdoba
Roma
Ilhas Baleares
Sardenha
MACEDÔNIA
BITÍNIA
ARMÊNIA
Nicéia
GALÁCIA
CAPADÓCIA
MAURITÂNIA TINGITANA
Cherchela
Hipona
Mar
ÁSIA
Cirta
Sicília
ACAIA
Éfeso
LÍCIA
CILÍCIA
PERSAS
NUMÍDIA
Cartago
Atenas
Antioquia
MAURITÂNIA CESARIANA
Lambésia
Hadrumeta
Palmira
Ctesifonte
MOUROS
Chipre
SÍRIA
Mediterrâneo
Creta
Babilônia
Damasco
Lépcis Magna
Cesaréia
Bostra
TRIPOLITÂNIA
CIRENAICA
Alexandria
PALESTINA
ARÁBIA
EGITO
Mar Vermelho
0
500 km
BLÊMIOS

Introdução

O Império Romano nasceu oficialmente em 27 a.C. e terminou – dependendo do ponto de vista – com a conquista de Roma pelos godos, chefiados por Alarico, em 410 d.C., ou em 476 d.C., data da queda do último imperador do Ocidente, em conseqüência dos repetidos assaltos dos povos germânicos. Considerados todos os fatos, é difícil circunscrever com precisão uma faixa histórica cuja compreensão não dependa de uma série de referências ao período da república romana que se seguiu à Segunda Guerra Púnica; portanto, seu começo só pode ser entendido mediante o estudo de uma história política que fluiu como uma unidade ininterrupta. No extremo oposto, quando são considerados os séculos finais do Império, somos forçados a recorrer a fontes que, em sua maioria, se contrariam cada vez mais umas às outras, de modo tal que seu estudo mais exato teria de ser limitado à fase clássica do Alto Império. Este teve a duração de quase três séculos e se foi expandindo lentamente, acabando por se impor como um sistema de governo mundial, do qual permanecemos – de uma forma ou de outra – os herdeiros, ainda que sejamos obrigados a salientar as numerosas alterações que, desde o início, ocorreram nas divisões do território e nas fronteiras desse império. Apesar das influências inegáveis que delas recebeu, o Império de Roma conserva poucas analogias com as realezas helênicas centralizadas na personalidade dominadora de seus reis. Sem ser um Estado territorial nacional, nem uma monarquia absoluta, nem tampouco uma ditadura popular, nem ainda um regime totalitário, o Império Romano permanece historicamente como uma estrutura inclassificável. Seu arcabouço não se encaixa em nenhum modelo que possa ser identificado. Algumas das monarquias posteriores que se estabeleceram através da Europa afirmaram seguir esse modelo, mas nenhuma delas conseguiu reproduzi-lo. A expressão "o Império Romano" admite diversas definições parciais, e teremos de combinar elementos de cada uma delas, caso queiramos nos aproximar de um conceito mais completo. Todos acreditam saber do que estão falando, mas captar esse conceito em sua totalidade é um verdadeiro desafio. Antes de mais nada, para estabelecermos uma conceituação precisa, será necessário libertá-la de todas as semelhanças enganosas que vêm sendo encontradas com o Império Britânico ou com o Império Francês. Hoje em dia, se pretendermos estabelecer qualquer comparação com o Império Americano, seremos novamente levados a cair na armadilha de um anacronismo.

Examinado paralelamente à "República", o "Império Romano" designa um período histórico marcado pela ampla dominação da potência romana, sob a direção de seus césares. Considerado isoladamente, o Império Romano representava uma forma institucional e territorial do exercício de um poder monárquico, mas ao qual eram associados os valores aristocráticos tradicionais, o direito público como fonte de legitimidade e uma dimensão religiosa que correspondia ao ponto de vista ideológico e à forma como raciocinavam as elites romanas e as de suas províncias. Devido à sua geografia, o Império Romano agrupava um conglomerado de cidades e de comunidades locais que, até certo ponto, estavam integradas a uma rede de relacionamentos sociais que copiavam as estruturas da sociedade romana. Contudo, cada uma delas era constituída por suas próprias sociedades individuais, hierarquizadas e culturalmente mescladas, obedecendo em parte a tradições locais que revelavam os aspectos mais variados. Finalmente, o conceito corresponde, para os não-especialistas, a uma forma ou outra de expansão da cidadania romana e de florescimento de uma civilização portadora dos valores nobres proclamados pelos literatos e filósofos latinos, mas caracterizada também pelos combates de gladiadores e outros espetáculos desumanos dos circos e anfiteatros, e pela perpetuação da escravatura, sem esquecer a grosseria de uma soldadesca indisciplinada e de mentalidade estreita, que se manifestava sem reservas no momento em que deixava os campos de batalha.

Durante os últimos trinta anos, multiplicaram-se os trabalhos em todos os campos da pesquisa científica, histórica e sociológica, em especial aqueles que procuram estabelecer comparações com os estados modernos que, em um momento ou outro de suas histórias, buscaram constituir-se em alguma forma de sociedade imperial. Continuam sendo realizados estudos detalhados nos documentos escritos, essencialmente latinos e gregos, que chegaram até nós e cujo valor é de caráter insubstituível. As novidades surgem sobretudo da confrontação entre muitos tipos de documentos, alguns deles de grande diversidade: aos textos chamados tradicionalmente de "literários", juntam-se as fontes jurídicas, as inscrições (que não se limitavam ao latim e ao grego), os papiros e pergaminhos, o estudo numismático (das moedas e medalhas), a história da arte, a iconografia, a arquitetura, os mosaicos, os objetos de toda espécie trazidos à luz pelas escavações arqueológicas – que introduziram no âmbito da história as profissões e as técnicas –, sem omitir os intercâmbios com outros povos, os sincretismos e as progressivas modificações culturais. A tentativa de escrever uma história moderna do Império Romano esbarra hoje em dia em um estranho paradoxo: transformou-se em um esforço cuidadoso para tornar acessível ao leitor um mundo que lhe é mais ou menos familiar, mas que se acha profundamente submerso sob grande diversidade de camadas múltiplas de informações e de conhecimentos. Somos forçados a escolher entre enfatizar as principais evoluções cronológicas dos acontecimentos ou dar-lhes interpretações renovadas. Todavia, esse fato não deve mascarar nem as incertezas, nem as obscuridades, nem tampouco as lacunas que ainda subsistem. A aparente limpidez do relato esconde parcialmente o longo esforço de montagens pacientes e cuidadosas que a interpretação e a ordenação de dados heterogêneos e descontínuos exigiram do historiador profissional.

Uma simples história dos acontecimentos políticos e militares nos oferece uma moldura cômoda e indispensável.

Confere uma continuidade formal aos relatos das numerosas transformações ocorridas em um mundo romano que oscilava entre numerosos pólos. O exercício do poder, o governo e a maneira como eram administrados os territórios demonstram que os centros urbanos e seus pontos de vista eram dominantes em toda a organização e nos relacionamentos estabelecidos pelo interior do império. Sem os comentários precedentes, não seria possível avaliar com exatidão nem a posição, nem a função das cidades e comunidades locais, nem ainda a amplitude e complexidade dos fenômenos de ajustamento, de adaptações e de sincretismos que envolviam a vida privada, a religião e a confluência de tradições ressuscitadas de um passado remoto ou fortalecidas pela renovação. A potência romana tinha somente admiradores ou adversários, ninguém lhe era indiferente. Ao longo das fronteiras do Império, as forças rivais, e mesmo dentro de seus territórios, os grupos de rebeldes entravam em concorrência com a *humanitas* (a civilização) de que a dominação de Roma era a portadora.

Capítulo I

O império ou a potência de Roma

O Império Romano já existia antes de 27 a.C., ou mesmo antes do triunfo de Otávio sobre Antônio e Cleópatra, obtido em duas ocasiões: na batalha de *Actium*, tanto terrestre como naval, travada em 2 de setembro de 31 a.C.; e em Alexandria, mediante a captura da cidade e o suicídio do infeliz casal, em 1º de agosto de 30 a.C. A república senatorial, vencedora de Aníbal em 201 a.C., tornava-se, a partir desse momento, uma república imperial, decidida a não dar oportunidade ao desenvolvimento de qualquer potência rival. Implicada em uma disputa de grande fôlego contra os reinos helenísticos do Oriente, acirrada na conquista paciente da Península Ibérica depois da derrota de Cartago, Roma adaptou-se progressivamente às necessidades de uma expansão para fronteiras cada vez mais distantes e sempre mais exigente de recursos e de soldados. A política de dominação imperial acabou provocando o questionamento das instituições que davam equilíbrio ao Estado: o poder monárquico foi emergindo pouco a pouco das lutas civis, desencadeadas por generais ambiciosos, pouco inclinados a contemporizar com um Senado que se revelara incapaz de restabelecer a unanimidade entre os cidadãos. Apesar de uma impressão generalizada e difícil de eliminar, provocada em parte pela majestade imponente das criações imperiais, a instalação do império de Augusto não significou em absoluto o final das conquistas, nem proporcionou o estabelecimento de uma paz jamais perturbada. As guerras civis e seu cortejo de violências e de competições dolorosas tinham simplesmente adiado a expansão romana. Todavia esta prosseguiu, sem uma verdadeira solução de continuidade, apesar das hesitações do príncipe nesse sentido. No entanto, a iniciativa das conquistas foi reservada, a partir desse momento, ao césar reinante, o que permitiu uma melhor administração de um crescimento territorial até então descontrolado, deixado anteriormente à livre satisfação dos apetites de ambiciosos, que buscavam por esse meio adquirir prestígio e instalar-se como senhores incontestes sobre a própria Roma. Ocorre que a história interna e a história externa do Império tinham sido, desde seus primórdios, indissoluvelmente ligadas. As crises militares do período constituem a melhor comprovação desse fato, visto que diminuíram por um certo tempo tanto a potência romana quanto o poder de expansão imperial, mas sem conseguir abatê-los.

I. O Império Romano sobre o mundo

A guerra ocupa uma posição central na história do Império de Roma, mas isso é igualmente verdadeiro em relação à história do mundo grego. O Império se constituiu ao longo das gerações com a argamassa do sangue, da coragem e das armas do povo romano e de seus adversários. Desse modo, é plenamente coerente salientar o fato de que nunca ocorreram fases em que houvesse realmente uma ausência de guerra, mas somente uma passagem da atividade guerreira para o segundo plano. A "paz romana" facilitou, durante décadas, até mesmo nas regiões mais expostas do Império, o desenvolvimento de formas políticas, sociais e culturais que se contavam entre as mais "modernas", segundo consideravam os antigos. O erro foi fazer de conta, durante um longo tempo, que esse período chamado "feliz" tivesse atingido um ponto de realizações tão próximo da perfeição que os séculos seguintes passaram a ser condenados como a manifestação de uma decadência irreversível. O Alto Império Romano, assim como os demais períodos da história de Roma, é extremamente mal avaliado por essa classificação simplista dos fatos, que arrisca provocar uma série de interpretações errôneas ou de especulações de caráter puramente maniqueísta.

1. **A caminho do Império** – Originalmente, não havia qualquer projeto deliberado de conquista do mundo. Da

mesma forma que Roma dominou progressivamente todos os seus rivais na Itália, ela atribuiu a si própria a tarefa de proteger seus interesses por toda parte em que isso lhe parecesse necessário. À medida que seu poderio se expandia, os cidadãos romanos foram se envolvendo com a exploração e o controle dos territórios submetidos. Os exércitos romanos eram encarregados de garantir a ordem e afastar quaisquer perigos cuja propagação pudesse trazer conseqüências graves para Roma. A guerra contra Cartago exprimiu mais uma vez a recusa dos senadores romanos em tolerar uma concorrente que eventualmente poderia buscar uma vingança. A destruição da cidade púnica em 146 a.C., marcada pela criação da província senatorial da África, originou simultaneamente, conforme relatam as fontes históricas, tanto temores quanto entusiasmos. A idéia de uma potência romana invencível e sem rivais, que surgiu precisamente nessa época, não foi abalada pela resistência heróica da cidade de Numância[1], localizada no país dos celtiberos[2], durante os anos de 139 a 133 a.C.

Tibério Graco, um nobre de alta linhagem, buscou restabelecer a classe camponesa, formada por pequenos proprietários livres, cuja diminuição progressiva punha em risco a manutenção do domínio romano. As legiões dependiam tradicionalmente do recrutamento de cidadãos das zonas rurais, que eram qualificados para o serviço militar por meio da posse de um pedaço de terra (que era chamado de *censo*). Sua *proletarização* – isto é, a perda do censo, da extensão mínima de terra, fazendo com que conservassem como único patrimônio seus filhos, caso os tivessem – os excluía das

1. Antiga cidade da Península Ibérica localizada perto da nascente do rio Douro, no extremo norte. República independente até ser conquistada por Cipião Emiliano em 133 a.C. Hoje, Sagunto. (N.T.)

2. Antigo povo do centro da Ibéria [Espanha], os iberos foram conquistados pelos celtas por volta de 500 a.C. Dessa miscigenação originaram-se os celtiberos, de quem descendem em grande parte os modernos espanhóis de Castela e Aragão. (N.T.)

operações de recrutamento anuais para a seleção de soldados: o sistema obrigava todo cidadão inscrito no recenseamento, pertencente a qualquer uma das cinco classes sociais, a prestar serviço militar por um período mínimo, a ser cumprido entre os dezessete e os 46 anos. A Lei Agrária, violentamente combatida pelos adversários do Tribuno da Plebe [Graco], foi então aplicada. O resultado não foi a esperada reconstituição de um grupo considerável de pequenos proprietários, que seria destinado a reforçar as legiões, mas a divisão da cidade em dois campos: os que defendiam a plebe e os que favoreciam a dominação da aristocracia senatorial, que se considerava ameaçada por essa reforma agrária. Isso ficou bem claro quando, em 107 a.C., Caio Mário, um "homem novo", isto é, de origem plebéia, foi eleito cônsul e efetuou um levantamento para verificar quais os cidadãos que ainda permaneciam dentro da organização das classes tradicionais e quais os que não mais pertenciam a elas. O princípio do voluntariado para o serviço militar foi oficialmente substituído (se bem que não pela primeira vez) pelo recrutamento seletivo. Desse modo, o general cumpria a promessa que fizera de recompensar seus soldados. A redistribuição de lotes de terra, imaginada inicialmente por Tibério Graco para criar uma reserva de legionários, constituiu, a partir de então, uma premiação destinada a recompensar o serviço militar prestado à República.

A "Guerra Social" ou a "Guerra dos Aliados" (91 a 88 a.C.) decidiu a questão definitivamente: o acréscimo importante no número de cidadãos romanos que dela resultou (pela extensão dos direitos de cidadania aos aliados) provocou o retorno ao sistema de voluntariado, que favoreceu o recrutamento dos exércitos numerosos, os quais se tornaram fonte de prestígio para os grandes generais, chamados *imperatores*. Ao lado dos exércitos tradicionais, aquartelados nas províncias para a manutenção da ordem, emergiram poderosas máquinas de conquista, cuja força derivava, em grande parte, da capacidade de seus comandantes para conduzi-los à vitória, que serviria para as tropas como um manancial de saques e de recompensas. O exército de Júlio César, mantido durante oito anos na Gália, pode ser considerado como modelo e padrão dessa nova força militar, mas não foi o único. O *imperator* acrescentou tanto um novo vigor como uma nova dimensão às conquistas, pela rapidez com que submeteu territórios relativamente extensos. Acima de tudo, seus sucessos lhe deram uma vantagem suficiente para que pudesse reivindicar o poder político. A resistência de seus adversários o levou a tentar a sorte em um único lance: ao cruzar com suas legiões o limite de sua província, demarcado por um riachinho chamado Rubicão[3], que corre entre Ravena e Rimini, em março de 49 a.C., ele desencadeou uma guerra civil, da qual eventualmente se tornou uma vítima. Seu assassinato, no dia 15 de março de 44 a.C., aos pés da estátua de seu rival Pompeu, anunciou a derrota de um poder sem base jurídica, uma ditadura imposta às pressas, antes que tivesse selado um acordo para obter a aceitação de seus oponentes. Contudo, o "cesarismo", isto é, a instauração de um poder pessoal a serviço da dominação imperial de Roma, não morreu com César: realmente, não foi por acaso que Suetônio começou as biografias dos doze primeiros imperadores pela de César, de quem Otávio, diga-se de passagem, era filho adotivo.

2. **A paz e a guerra** – Com a ascensão de Otávio Augusto, o mundo romano se estendeu pelos dois lados do Mediterrâneo (ver mapa do Império na página 6), abrangendo, além da Itália que ficava em seu centro político e geográfico, uma vintena de territórios provinciais, aos quais se juntavam os estados-clientes (reis, chefes tribais hereditários e outros aliados), considerados como parte integrante do Império, apesar da aparência de liberdade que conservavam. A reor-

3. Pequeno rio que separa a Itália Central da Gália Cisalpina. Júlio César atravessou-o com seu exército na noite de 11 para 12 de janeiro de 49 a.C., sem autorização do Senado, originando uma guerra civil em que derrotou Pompeu e determinou seu primado sobre Roma. "Atravessar o Rubicão" significa tomar uma decisão irrevogável. (N.T.)

ganização da república e do império foi fundamentada sobre uma nova ordem intelectual e uma nova concepção racional do que significava o exercício do poder universal e a ordenação política do mundo: a tradição e o passado foram objeto de uma releitura global e de uma síntese original, que conferia à potência romana restabelecida bases duradouras e firmes como não tinham sido vistas até então. Roma, herdeira dos gregos e dos macedônios e egípcios de Alexandria, senhora de todas as terras habitadas (o chamado *ecúmeno*), assumiu o papel de mantenedora da paz e da civilização diante dos bárbaros exteriores e interiores, considerados suscitadores do caos e da desordem. A dominação de Roma sobre um novo território provocava sua integração progressiva no império civilizador. E a paz serviria igualmente para a expansão do poder imperial.

Porém a guerra não desapareceu. O desastre de Teutoburgo[4], marcado em 9 d.C. pela perda das três "legiões malditas" (nunca mais foram reconstituídas as unidades de números XVII a XIX), demonstrou que a idéia de um "império indefinido" necessitava de ser considerada com maior prudência e vigilância. O exército permanente de Augusto – fixado em 28 legiões, mais tarde reduzidas para 25, flanqueadas por um número sem dúvida superior de tropas auxiliares recrutadas nas províncias (compondo entre 55% e 59% dos efetivos) – foi distribuído segundo uma lógica regional que calculava os esforços necessários e avaliava os riscos das ofensivas. Do lado do Oriente, a submissão dos partos[5] constituía o objetivo essencial. No Ocidente, os povos

---

4. Na floresta de Teutoburgo, a noroeste da Alemanha, Armínio venceu três legiões romanas a 9 d.C. Públio Quintilio Varo foi atraído para os desfiladeiros das montanhas, sua retaguarda massacrada, as tropas afogaram-se nos pântanos, os sobreviventes foram esmagados na planície vizinha; Varo suicidou-se com a maior parte dos oficiais. (N.T.)

5. Os partos [farsis] eram um povo indo-europeu, de quem descendem muitos dos iranianos modernos e foram constantes inimigos dos romanos; os persas eram uma das tribos partas que eventualmente assumiu a predominância. (N.T.)

germânicos deviam ser controlados e absorvidos paulatinamente. Na África do Norte, a conquista ativa progredia de acordo com as circunstâncias, às custas dos territórios dos povos nômades e montanheses. O período júlio-claudiano (27 a.C. a aproximadamente 68 d.C.) foi marcado pela criação de novas províncias: a Britânia (Inglaterra), os três distritos alpinos (Alpes Marítimos, Cotianos e Planaltinos), a Rétia e a Nórica, a Dalmácia, a Panônia e a Mésia, a Trácia, a Galácia, a Lícia-Panfília, a Cilícia, a Judéia, a Cirenaica e as Mauritânias Cesariana e Tingitana ampliaram o círculo da dominação territorial.

Apesar das aparências, a atividade militar dos imperadores se acentuou sob os Flávios (69 a 96 d.C.) e os Antoninos (96 a 192 d.C.). As posições romanas se expandiram sem cessar na Britânia (Inglaterra), na Germânia, ao longo do Danúbio e no Oriente. Júlio Agrícola, o sogro do historiador Tácito, realizou uma série de campanhas vitoriosas na Britânia, culminando com a construção da Muralha de Adriano, logo prolongada pela Muralha de Antonino, situada cem quilômetros mais ao norte. O imperador Domiciano instituiu as duas províncias da Germânia, Inferior e Superior, em substituição aos distritos militares de mesmo nome. Dividiu igualmente a Mésia[6] em Mésia Superior e Mésia Inferior, inaugurando as ofensivas através do Danúbio em direção à Transilvânia, a terra dos dácios[7], governados pelo rei Decébalo. Estes foram derrotados em duas expedições militares, durante os anos de 101-102 d.C. e 105-106 d.C., comandadas pessoalmente pelo imperador Trajano, que criou, além da Dácia, as duas províncias da Panônia e, ao sul, a província da Arábia; ele também

6. Do latim Moesia, região da antiga Europa, nos Bálcãs, correspondendo mais ou menos às atuais Bósnia, Bulgária e Sérvia. Habitada por tribos germânicas e trácias, foi submetida pelos romanos em 29 a.C. (N.T.)

7. Região do baixo Danúbio, nos Bálcãs, correspondente a parte da Hungria, à Transilvânia, Moldávia e Valáquia, portanto a maior parte de Romênia atual. Trajano foi forçado a estender a fronteira do Império para além do Danúbio, porque os dácios atravessavam o rio e atacavam constantemente a Mésia. (N.T.)

atacou vigorosamente os partos e apoderou-se de Ctesifonte, a sua capital, que fora construída junto ao rio Tigre, chegando mesmo a criar a província da Assíria, que teve pouca duração, além das províncias da Mesopotâmia, ao redor de sua capital Nísibe (Nínive) e da Armênia, às quais Adriano se viu forçado a renunciar mais tarde. Nunca foi muito fácil determinar as causas ou responsabilidades dessa decisão. O fracasso da campanha pártica – comandada por Lúcio Vero, que foi decidida em 162 d.C., após a derrota de Elegéia, infligida na Armênia a Marcos Sedácio Severiano, o governador da Capadócia – não pode ser atribuído unicamente ao vigor guerreiro de Vologésio IV, na época rei dos partas. Durante os séculos II e III de nossa era, os maus resultados dos conflitos foram tanto conseqüência das más decisões da parte dos romanos como das reações de adversários tentados a lucrar com as ocasiões que lhes eram oferecidas.

3. **Uma "idade de ferro política"** (Dion Cássio) – O reinado de Marco Aurélio (161 a 180 d.C.) foi perturbado por uma série de ataques através do Danúbio, que os romanos só conseguiram rechaçar com dificuldade. O projeto de uma "Província da Marcomânia", que seria localizada para além do Danúbio, nunca chegou a se concretizar. Segundo parece, as invasões foram suspensas por algum tempo, o que veio em benefício do imperador Cômodo.[8] Porém suas loucuras[9] encorajaram as conspirações internas. Seu assassinato, em 31 de dezembro de 192, foi o estopim para uma nova

8. Lúcio Mário Élio Antonino Aurélio Cômodo, 161-192 d.C., filho de Marco Aurélio, o único dos Antoninos que não foi adotado. Imperador a partir de 180, morreu assassinado no banho. (N.T.)
9. Em seu triunfo após a vitória [de seu pai falecido] na Panônia, colocou a seu lado no carro um escravo em vez da imagem de Roma; realizava orgias bissexuais; era excelente atirador de balestra [o arco de mola] espadachim e lanceiro, tendo descido mais de setecentas vezes à arena para combater com feras ou outros gladiadores. O Senado passou a chamar-se Comodiano, os legionários, comodianos; Jerusalém e a própria Roma passaram a chamar-se Colônias Comodianas. (N.T.)

guerra civil, da qual Sétimo Severo saiu vencedor, na batalha de Lyon, travada em fevereiro de 197. O novo senhor do mundo redobrou suas atividades, com a intenção de restaurar a imagem da potência romana, aplicando-se a restabelecer a disciplina dos exércitos e a lhes conferir uma nova eficácia. No Oriente, a província eqüestre da Mesopotâmia foi retomada, sinalizando a recuperação dos exércitos romanos; infelizmente, esse sucesso não foi repetido na campanha da Britânia. O imperador adoeceu e agonizou lentamente em *Eboracum* (York). Na África do Norte, as legiões eram obrigadas a realizar sucessivas operações de pacificação. Quando, no outono de 213, Caracala desafiou os alamanos[10] na Rétia, obteve um descanso de vinte anos para o Império, mas o desperdiçou mais tarde, ao ser derrotado pelos partos, em conseqüência de sua própria temeridade. Severo Alexandre (222-235) retornou precipitadamente do Oriente para enfrentar a invasão dos germânicos em 235, mas foi derrotado, morrendo em combate, ainda no vigor da juventude. A potência romana, devido à extensão excessiva de seus territórios, teve de enfrentar durante meio século os assaltos repetidos e muitas vezes simultâneos das forças exteriores ao Império. Essas incursões estrangeiras acabaram por minar o poder dos próprios imperadores. A captura profundamente humilhante do imperador Valeriano pelo rei persa da dinastia sassânida Sapor I[11] (Shapur), em 260, simboliza, na memória

---

10. Do antigo germânico "Allemann", em latim "alamanni". Os alamanos eram uma confederação de povos do centro e noroeste da Germânia, na maioria semnanos, que habitava principalmente o Brandenburgo e surgiu historicamente no século III a.C. A partir de 178 a.C, ao serem expulsos desse território pelos godos e eslavos, os alamanos espalharam-se pela Germânia ocidental. (N.T.)

11. Dinastia persa que sucedeu aos arsácidas. Seu fundador, Ardeshir, filho de Babek, era descendente de um mago chamado Sassan. Procuraram restaurar o império persa depois da conquista de Alexandre, o Grande. Foram inimigos constantes dos romanos. Sapor I [Shapur]: rei da Pérsia, um dos sassânidas, falecido em 261 d.C. Filho de Ardeshir com uma escrava descendente dos arsácidas. (N.T.)

imperial, a desordem por que passava o Império. Ela iniciou um sombrio período durante o qual imperadores proclamados por suas próprias tropas (fala-se no tempo dos "imperadores-soldados" ou dos "imperadores-ilíricos", porque, na sua maioria, se originavam da província do *Illyricum*, nos Bálcãs) esforçaram-se em resistir às invasões, chegando por vezes a tomar a iniciativa, abrindo caminho para as inovações de Diocleciano.

O *Imperium Romanum*, mesmo que ainda fosse uma enorme potência em termos de território, era prejudicado pela multiplicidade e desigualdade de suas comunidades, integradas à cidadania romana após a "Constituição Antonina" de 212, promulgada por Caracala. O centro romano e a sede do Império ainda eram seu cimento. Acrescentava-se a isso o modelo da civilização política romana, imitado pelas classes superiores locais. Entretanto, visto do exterior, o mundo romano era mais invejado do que temido. O acúmulo de problemas de toda espécie obrigava os romanos a recorrer repetidamente à força, o que provocava novas reações dos adversários de ambas as extremidades do Império, que insistiam em não se dar por vencidos. O equilíbrio sobre o qual repousava a civilização romana, alicerçada no domínio global da "terra habitada", acabara por tornar-se frágil pela força das circunstâncias.

II. A monarquia transformada em hábito

O poder imperial de Roma não nasceu da coxa de Júpiter[12], seu protetor nomeado e residente no capitólio, já envergando capacete e armadura. Apesar da função das ati-

---

12. Sêmele, filha do rei Cadmo, foi amante de Zeus (Júpiter) e engravidou dele. Imprudente, ela insistiu para ver o divino amante em toda a sua glória e morreu consumida pelo fogo da visão divina; compadecido de Dioniso, o bebê, que ainda estava vivo, porque era de natureza divina, Zeus o encerrou em sua coxa durante vários meses, até se completar o período para o nascimento. (N.T.)

vidades militares e da vitória como fundamento da soberania de Augusto, a monarquia romana, um pouco como aconteceu no rio Nilo, foi o produto da confluência de múltiplas fontes, que devem ser identificadas pelas realidades do terreno e que não podem ser claramente classificadas quando se deseja estabelecer-lhes algum tipo de hierarquia. A personalidade e o tirocínio político de Augusto foram de grande importância para o sucesso de um projeto que nunca chegou a ter uma plataforma política definida, de um regime que nunca foi dotado de uma constituição escrita. A evolução para o imprevisível estabelecimento de um sistema de colegiados de imperadores, de capacidade e poder desiguais e nomeados por força das circunstâncias, é mais uma prova da habilidade política e do pragmatismo de seu fundador.

1. **Fundações** – A invenção de uma monarquia imperial por Augusto revestiu-se de um duplo aspecto: submeteu a república à autoridade de um *príncipe* (o "primeiro" entre os cidadãos) – sem que isso conduzisse ao desaparecimento de suas instituições tradicionais – e afirmou o monopólio do poder de uma única família, os Césares, reunida firmemente em torno de seu chefe. As guerras civis facilitaram a ruptura com o sistema anterior. Todavia, esses novos aspectos não se fundamentavam nas tradições da república senatorial e muito menos nas regras estabelecidas para a sucessão dos cargos públicos romanos, legitimados a intervalos regulares pelos votos do povo. Mesmo assim, o imperador deveria levar em consideração as reações do Senado e da plebe urbana, dos romanos residentes nas províncias e das unidades militares acantonadas em Roma ou em suas proximidades e, mais ainda, as possíveis atitudes que poderiam vir a ser manifestadas pelas legiões destacadas nas províncias. Isso é revelado claramente por um texto descoberto recentemente na Bética (Espanha), descrevendo uma proclamação senatorial a respeito de Seneu Piso, acusado, no ano 20 de nossa

era, de ter mandado aprisionar Germânico[13] e de fomentar uma guerra civil. Nesse documento, não somente é feito um agradecimento, segundo a fórmula habitual, às classes sociais componentes da cidade – os senadores, os cavaleiros e a plebe urbana das 35 tribos – pela fidelidade manifestada, como também às capitais provinciais e aos acampamentos permanentes das legiões, todos mencionados nominalmente como destinatários de cópias do decreto. O poder central romano vivia no temor da revolta de concorrentes eventuais, apoiados pelas tropas que eles tinham sob suas ordens. O consenso favorável dos cidadãos de todo o Império era julgado como indispensável para o bom funcionamento do Estado.

Augusto sempre soube mostrar-se conciliador e prudente quando era preciso. Foi esse o preço que ele pagou para calar as numerosas discórdias e os ressentimentos, embora não os conseguisse erradicar. Contudo, apesar da oposição de uma parte dos senadores, estabeleceu firmemente sua autoridade e afirmou a proeminência de sua "casa", a *Domus Augusta,* isto é, de sua família, expandida e constituída por uma parentela, que podia ser aumentada de acordo com seus próprios interesses. Além disso, nos domínios social e moral, ele honrava os valores da aristocracia senatorial e os costumes dos ancestrais, ou *mos maiorum*, ao mesmo tempo que reformava as instituições, por meio de medidas eficazes, sempre que isso era exigido pela situação vigente, uma coisa que somente poderia ser feita por meio da vontade superior do senhor do Império: o governo, a administração de Roma e das províncias, a religião pública e até mesmo o plano de carreira dos soldados. O culto imperial, assentado

13. Tibério Druso Nero, filho de Druso Nero e de Antônia, neto do imperador Otávio Augusto, 16 a.C.-19 d.C. General famoso, submeteu os dálmatas e os panônios, venceu os germanos de Armínio e recuperou as águias e símbolos das legiões de Varo, que aquele massacrara, reunindo os ossos dos mortos para cremação e libertando uns poucos prisioneiros escravizados; por esse motivo, recebeu o cognome de Germânico, conferida pelo Senado. (N.T.)

sobre a divinização de Júlio César, a partir de 44 a.C., foi sendo elaborado progressivamente ao longo do reinado. As honras religiosas prestadas a Augusto em vida, justificadas pela necessidade de dar ao imperador um lugar equivalente no plano religioso ao que ele já ocupava legalmente na república reformulada, prepararam sua própria divinização após a morte, ocorrida em 19 de agosto de 14 d.C. em Nola, na Campânia. O culto aos imperadores era apenas a parte imperial e oficial da religião pública romana. Triunfador eleito dos deuses, herdeiro testamentário e filho adotivo de César, proprietário de riquezas a que nenhuma fortuna senatorial poderia se comparar, Augusto conseguiu alcançar o sucesso em sua iniciativa de forjar um estilo monárquico aceitável, tanto para os cidadãos, como para as aristocracias.

2. **A formação de um hábito** – Era a própria personalidade do imperador que determinava a maneira como o poder era exercido. A partir de Tibério (14-37), pareceu evidente que o regime não seria mais contestado. As crueldades extravagantes de Calígula (37-41), as atitudes estranhas de Cláudio (41-54) e as demências de Nero (54-68) não foram suficientes para colocar em perigo a instituição criada paciente e sutilmente por Augusto, devido à sua natureza flexível e adaptável. No máximo, quando o clima político se tornava desequilibrado em excesso, rivalidades eram ostentadas abertamente. Porém era necessário que o Senado conspirasse com os comandantes da Guarda Pretoriana e, sem dúvida, obtivesse o apoio de alguns membros da família imperial, para que uma conjuração pudesse vir a ser bem-sucedida. Contudo, não existe qualquer prova que nos possa garantir, com absoluta certeza, que Tibério e Cláudio tivessem sido vítimas da impaciência de seus sucessores, ao invés de morrerem de causas naturais. Calígula foi efetivamente assassinado aos 28 anos de idade. Nero foi forçado ao suicídio, em 9 de junho de 68, com trinta anos de idade, depois de mais de treze anos de reinado. Seja como for, em nenhum momento, apesar de proclamações tão virtuosas como vazias, ninguém chegou

a pensar seriamente na possibilidade de abolir o principado. Foi assim que o desaparecimento de Nero fez retornar a guerra civil, cujo espectro parecia ter sido expulso havia mais de um século. Na ausência de um herdeiro designado e de um chefe que o predecessor tivesse indicado de forma incontestável ou que pudesse ser aceito por todos, após sua aclamação pela soldadesca, os competidores se multiplicaram, mas sem que o regime fosse contestado. Nessas lutas, as legiões da Germânia não puderam dar a vitória a seu campeão, porque foram derrotadas pelas legiões do Danúbio, aliadas às outras legiões vindas do Oriente, que haviam escolhido Vespasiano.

O Flaviano vitorioso (cujo nome era Tito Flávio Vespasiano) recebeu a investidura dentro de novas condições. Ele precisava, do mesmo modo que o fizera Augusto, restabelecer ao mesmo tempo o Império e a ordem imperial (69-79). Natural da província da Itália – ele nascera em Reata, na Sabínia –, e não oriundo de Roma, como a família dos Júlio-claudiano, ele atendeu às solicitações dos aristocratas provinciais mais exigentes, consolidou as instituições que tinham sido enfraquecidas pelas guerras internas e reafirmou sua adesão ao sistema monárquico criado por Augusto, sem que qualquer oposição fosse levantada. A construção do Coliseu, o primeiro anfiteatro no coração da cidade, construído em pedra "para os jogos do povo" (P. Zanker), manifestou aos olhos de todos que o imperador se interessava pelos cidadãos, além de ser o único a ter condições de construir monumentos tão custosos e extraordinários. Coube a seu filho mais velho, Tito (79-81), o encargo de inaugurar o circo, por meio de uma série de cem dias de espetáculos, realizados no decorrer do ano de 80 e assinalados pela emissão de uma medalha comemorativa. Entretanto, foi seu irmão mais moço, Domiciano (81-96), quem de fato completou a edificação. Este último reinado pareceu renovar os piores momentos dos tempos de Calígula e de Nero. Seus funcionários mais próximos e os senadores viviam em constante terror, porque Domiciano vivia obcecado pela idéia de que se faziam conspirações permanentes contra ele. Apesar do ciúme que demonstrava por sua autoridade e pela vaidade que sentia por gozar das virtudes divinas que justificavam seu poder, Domiciano conseguiu manter o império estável e em paz. Em matéria de administração e de direito das cidades, ele prolongou a obra de seu pai. Mais tarde, Trajano retomou com sucesso muitas das providências iniciadas por ele.

O assassinato de Domiciano, em 18 de setembro de 96, deu ocasião à ascensão de Nerva (96-98), já bastante idoso. Sua escolha e a adoção de Trajano (98-117) representaram a promoção ao poder imperial do primeiro senador de origem provinciana: Marco Úlpio Trajano nascera em *Itálica* (hoje Santiponce, perto de Sevilha, na Espanha), na província de Bética. Aos olhos da posteridade, sua imagem foi a de um conquistador magnífico, cujas glórias se refletiram na sua coluna revestida de histórias esculpidas, que se ergue até hoje no imenso fórum construído por ele no centro de Roma. Trajano foi obrigado a abafar uma revolta declarada por judeus, entre 115 e 117, na Cirenaica, em Alexandria (Egito), e sem dúvida na Judéia. Preocupado em restaurar o vigor da Itália, o que constituiu a política principal de seu reinado, respeitador do Senado, ele foi o símbolo de uma adoção bem-sucedida e considerado como o modelo de um bom governo segundo o ponto de vista da elite senatorial.

3. **À prova dos acontecimentos** – Trajano iniciou o apogeu do Alto Império, a chamada época antonina, cujo início se costuma marcar pelo curto mandato de seu pai adotivo, Nerva. Adriano (117-138) e Antonino, o Pio ("temente aos deuses") (138-161), encarnaram a paz e o brilho da civilização romana, no centro da qual a riqueza e o prestígio das aristocracias confraternizavam facilmente com a alta cultura. O imperador-filósofo, Marco Aurélio, todavia, foi considerado o mais infeliz dos imperadores. O Império foi confrontado por uma sucessão de desastres que, naquele momento, se pensava ter sido deixados para trás: epidemias, alta taxa de mortalidade acompanhada pela diminuição dos nascimentos,

ameaças externas e incursões devastadoras nas províncias, revoltas de usurpadores, uma conjuntura econômica difícil. Seu filho Cômodo, o único dos antoninos a nascer em "berço de púrpura"[14], recusou-se a seguir os planos de seu pai e de seus partidários para realizar uma ofensiva além-Danúbio. Mais preocupado com seus sonhos de divindade do que com a sorte do Império, divertia-se em descer à arena para apresentar-se como gladiador e adorava fantasiar-se de Hércules. Suas loucuras conduziram a uma conspiração que pôs fim à sua vida e ao seu reinado. Mesmo assim, o Império estava tão bem organizado que os conselheiros e altos funcionários cumpriram suas funções com eficiência, durante todo esse período infeliz.

O período Severiano (193-235) corresponde à primeira "idade de ferro imperial", segundo a expressão criada pelo senador Dion Cássio em oposição à suposta "idade de ouro" anterior. Todavia, o elemento predominante dessa época foi a restauração de um poder ativo e respeitado, muito embora prejudicial aos interesses dos senadores e de seus clientes. O Estado foi reorganizado em favor da monarquia, e todos os recursos foram mobilizados para o restabelecimento de Roma e da potência imperial. Porém, no prolongamento da situação iniciada no período anterior, tanto a conjuntura demográfica como a monetária parecem ter sido desfavoráveis. Isso não impediu que algumas províncias, a da África, por exemplo, tivessem alcançado talvez o seu maior nível de prosperidade durante esse tempo. As evidências indicam que, sob o ponto de vista dos imperadores, as questões externas e a defesa das fronteiras do Império definitivamente tinham prioridade sobre os negócios interiores. O triunfo, a vitória e o crescimento do Império eram para eles os fatores mais importantes, embora isso salientasse a ausência de qualquer plataforma

---

14. O tecido de púrpura era privilégio dos imperadores, embora os senadores tivessem direito a duas faixas na barra da toga e os cavaleiros a uma. Cômodo foi o único dos imperadores antoninos a nascer na família real, todos os demais foram adotados, por isso a expressão. (N.T.)

política além daquela inspirada pelas circunstâncias e pela busca de glórias. Um alto preço era pago pelas derrotas. A guerra constantemente ameaçava rebentar em muitos pontos, dentro e fora das fronteiras. Já há muito tempo os exércitos destacados para a defesa das províncias não eram mais suficientes para enfrentar as ameaças internas e externas.

A coroação de Maximino Trácio (235-238) anunciou a era dos imperadores-soldados. A resistência da África e das aristocracias civis à sua autoridade levou os gordianos ao poder (238-244). Contudo o alívio foi de curta duração. A engrenagem composta por uma série de derrotas externas, seguida pelo desafio das legiões, sempre prontas a apoiar novos usurpadores, iniciou sua marcha inexorável. Entre 235 e 284, não houve um só imperador que morresse em seu leito. Os competidores se apresentavam e as guerras civis se sucediam em um ritmo acelerado. A função imperial se tornava cada vez mais perigosa. Assaltos simultâneos e repetidos às fronteiras fragilizavam as próprias estruturas do Império, do governo e da administração. A necessidade de salvaguardar e, logo a seguir, de apenas conservar o poder imperial romano conduziu a uma progressiva concentração das decisões na pessoa do governante e acentuou o caráter autoritário de um poder que, embora fosse a verdadeira garantia da unidade das províncias, acabou tendo de ser partilhado, o que não impediu que assumisse um caráter cada vez mais monárquico e sempre mais atento à vontade dos deuses e à súplica por suas intervenções. Uma das suas conseqüências foi que a cidade de Roma cessou de ser a residência oficial dos imperadores.

Não existe uma data de conclusão cronológica inteiramente satisfatória: de acordo com o ponto de vista e o evento escolhido, tanto o ano de 235 d.C. como os de 260 ou 284 podem demarcar o fim do Alto Império, embora não se deseje a oposição, por contraste, a um Baixo Império condenado ao declínio. As mudanças foram aparecendo gradativamente, sem provocar rupturas bruscas. Apesar de permanecer o digno herdeiro do Império do século II, sem abrir mão de qualquer aparato externo de sua antiga grandeza, o Império do século IV já não tinha as mesmas características, nem as mesmas ambições e nem sequer o mesmo relacionamento com o mundo invisível dos habitantes do céu.

Capítulo II

O governo da terra habitada

O Império Romano só pode ser comparado com o próprio Império de Roma: não se fundamentava em um princípio territorial que justificasse a forma de direito adotada em seu seio, nem tampouco era um Estado centralizado. De fato, quando examinamos essa construção histórica, nunca encontramos quaisquer limites fixos e definitivos. A filosofia ponderada que permitiu o fortalecimento do poder de Augusto também deu margem a um novo desenho do mundo conhecido: Roma, no centro, cercada pela Itália e por suas províncias, controlava o coração da zona temperada; as regiões mais externas que, de uma forma ou de outra, eram consideradas como acessíveis, mesmo quando muito afastadas, dependiam organicamente da dominação imperial de Roma, de onde provinha seu equilíbrio. A ordem política refletia a ordem imposta sobre a natureza, e a harmonia que disso resultava se expressava pela paz, que se acreditava ser desejada pelos deuses. A concentração da autoridade na pessoa de um só homem assegurava a coesão de um vasto corpo, cujos membros estavam permanentemente sob ameaça de dispersão. A majestade da *Urbs* deixava bem claro ao universo inteiro que Roma era sua cabeça.

Os territórios submetidos ao Império de Roma tinham grande necessidade de paz e de tranqüilidade após os distúrbios provocados pelas guerras civis. Uma nova administração se impôs, racionalmente alicerçada em um sistema hierárquico de funcionalismo, que dependia de enumerações, classificações, reformas fiscais, integração dos espaços e preocupação com decisões eficientes para, em seu conjunto, estabelecer o novo espírito de governo, dedicado à manutenção da ordem na Itália e nas províncias. Controlar, verificar, sopesar, equilibrar e repartir eram as atividades que, a partir de então, demonstraram que a intenção da autoridade central era o desenvolvimento da arte de melhor governar.

I. O imperador

Um príncipe – o primeiro entre os senadores – era capaz de tomar rapidamente todas as decisões necessárias. Augusto declarou expressamente possuir tal autoridade, em um texto destinado a ser gravado em dois pilares, erguidos na entrada de seu mausoléu, no Campo de Marte, que foi intitulado *Res Gestae,* "as coisas que foram realizadas". Investido da *auctoritas* (que significava a superioridade moral e religiosa) de que os "pais conscritos" (os senadores) tinham deixado de ser os depositários, o imperador reivindicou exclusivamente para si e sua parentela a herança da tradição aristocrática (*mos maiorum*, os costumes dos antepassados), em nome da qual pretendia assumir suas funções. A república, composta pelas ordens de magistrados, pelo Senado e pelo povo reunido nos comícios, progrediria agora sob a vigilância do senhor do Império. O decreto dos senadores com referência ao processo de Piso, durante o reinado de Tibério, utiliza a imagem, de acordo com o espírito augustino, da *statio pro re publica*, isto é, "a guarda do Estado". O imperador estava "em seu posto", no sentido militar do termo *statio,* com o objetivo de observar e assegurar o bom funcionamento das tarefas correspondentes à cidade imperial. Sua implicação pessoal, seu estilo, sua personalidade e seu interesse pelos negócios do Império determinavam as características positivas ou negativas do governo.

1. **Seu poder** – É importante que se atribua a César Augusto todo o mérito que lhe é devido. As instituições da cidade serviram como molde para as prerrogativas legais, até então desconhecidas, que ele assumiu. O monopólio do poder repousava sobre o *imperium* e o poder tribunício. Todavia, foi somente em 23 a.C. que o Império assumiu sua verdadeira forma. Durante o período compreendido entre a famosa

sessão do Senado realizada em 13 de janeiro de 27 a.C. até o ano referido, Augusto era somente um cônsul em Roma e o procônsul de um certo número de províncias ocupadas por exércitos de legionários. Nessa data, ele abandonou o consulado e assumiu o poder tribunício, mas sem a limitação de um colegiado, o que provocou a redefinição do poder de *imperium*: a partir de então, Augusto, e somente ele, passou a ser legalmente autorizado a não abrir mão de seu poder militar quando se encontrava dentro do espaço abrangido pelo *pomoerium*, a área cujo perímetro delimitava o espaço religioso da cidade. Inversamente, o poder dos tribunos da plebe era exercido no conjunto do império. Sobre esse tronco robusto, foram enxertadas todas as atribuições que anteriormente cabiam às magistraturas tradicionais, contando-se entre elas os procedimentos referentes aos recenseamentos, à moralidade dos costumes, à preservação da religião e à apresentação de propostas de leis, além do controle dos bens de domínio público na urbe e nas províncias, e ainda a decisão final em todas as questões de justiça. Dentro da estrutura desse novo plano institucional, a *res publica* tinha sido colocada praticamente a serviço do imperador.

Contudo, as regras fixadas pela lei ainda não eram suficientes. Alicerçado em seus novos direitos contra as ambições dos patrícios da aristocracia, comandante supremo e indiscutível dos exércitos, o imperador solicitava pessoalmente o apoio dos deuses, uma atitude que não escandalizava ninguém. Por ocasião da morte de Lépido, em 12 a.C., Augusto determinou que o cargo de Sumo Pontífice passasse a ser prerrogativa da função imperial, tornando-se doravante o centro das decisões referentes à religião pública. Do mesmo modo que o Estado tinha sido organizado em função da dominação de um único homem, as instituições religiosas foram reconstituídas de tal maneira que sua administração se tornou uma atribuição exclusiva do imperador, considerado o modelo da piedade, em sua condição de eleito dos deuses. O culto imperial manufaturou a imagem de um poder sobre-humano, ainda que não divino, que era responsável por garantir a paz dos deuses. O poder romano, por intermediação dos imperadores vivos e dos imperadores divinizados após a morte, estava em contato estreito com o mundo invisível, do qual solicitava a assistência e a proteção para a comunidade dos cidadãos romanos e das populações do Império. Porém não se confundia o imperador, mesmo morto, com um deus, ainda que o diálogo privilegiado com os seres divinos fosse um sinal da superioridade inegável do detentor do poder de império. Na pessoa dos césares se concentrava o prestígio inerente ao exercício de um cargo considerado colossal e ainda a imagem de um poder espantoso de natureza religiosa. A *Domus Augusta*, sob o efeito das sucessivas apoteoses, isto é, ascensão dos imperadores ao seio dos deuses, evoluiu normalmente até se tornar parentela divina, ou *Domus Divina*.

Apesar de tudo, o regime imperial não se assemelhava em nada a uma tirania, nem sequer a uma monarquia absoluta. Em nenhuma época, até o ponto em que chegam os nossos conhecimentos, apesar da estratificação progressiva dos procedimentos adotados ao longo do tempo, foi promulgada uma lei orgânica que instituísse o poder imperial e seu modo de transmissão. As classes componentes da república jamais chegaram a se reduzir a meras ferramentas institucionais, e o exercício do poder não se manifestava unicamente através do controle dos meios de propaganda, nem era apoiado por uma política que lhes assegurasse a impunidade. O espírito cívico não havia desaparecido por um passe de mágica, nem a competição aristocrática, por falta de combatentes. O prestígio, a estima, a popularidade e o reconhecimento pesavam fortemente sobre a reputação do soberano, que era bastante favorecido quando se mostrava respeitoso aos interesses do povo, da cidade e da pátria. A investidura do imperador não durava mais do que o tempo em que o titular do poder soubesse mostrar-se digno aos olhos do Senado, da plebe ou do exército. A qualquer momento, sempre que se estabelecesse um clima de terror ou de arbitrariedade, a escassez de alimentos em Roma ou uma série de derrotas militares, o césar corria o perigo de uma morte violenta. As reações que se manifestavam no Senado, ainda que este se mostrasse cada vez menos corajoso, pelo menos abertamente, como resultado de sua aclimatação ao regime imperial, podiam dar origem a conspirações. Após a morte de um césar, era dos senadores que dependia o julgamento final sobre a cerimônia de sua apoteose e divinização ou se, ao contrário, lhe seria decretada a "abolição da memória" (Suetônio). Um césar jovem demais ou muito inexperiente deveria ter bastante cuidado com os cônsules laureados e prestigiosos, que poderiam ser facilmente escolhidos como os campeões de um novo partido. Todavia, salvo em circunstâncias específicas de vacância do poder por falta de um herdeiro designado ou como conseqüência de uma revolta militar que eliminasse o governante, os magistrados e senadores não dispunham de quaisquer meios para afirmar a sua própria autoridade. De qualquer maneira, eles não tinham o menor desejo de provocar uma guerra civil, mesmo quando acreditassem – o que era, na melhor das hipóteses, duvidoso – que essa lhes fosse render os melhores resultados. Em nenhum momento da história imperial a permanência da instituição foi posta em dúvida. As ambições somente chegavam até o ponto de querer derrubar o imperador e usurpar-lhe o trono, porque não havia lei ou estatuto algum que determinasse que a sucessão deveria ser hereditária ou mesmo depender de uma indicação direta. Todavia, exceto em épocas de crise, a escolha era feita entre os parentes do antigo titular. O príncipe não era mais do que um simples mandatário da *res publica*, um militante que deveria se demonstrar mais zeloso do que os demais. Com efeito, quando chegava o momento da escolha, os fatores de maior peso eram o espírito militar e a exaltação dos valores guerreiros.

A descrição da corte do césar ou *aula Caesaris* nos pode trazer esclarecimentos adicionais sobre o funcionamento de uma monarquia tão atípica. Ninguém sequer pensa em negar que tal corte tivesse existido, embora tampouco qualquer um imagine que ela siga um modelo comparável ao da corte de Versalhes na época do Grande Rei, Luís XIV. As tradições elaboradas nas mansões patrícias das épocas anteriores foram adotadas por Augusto para a instalação de sua corte imperial, que foi sendo paulatinamente estruturada ao longo dos anos, de acordo com as necessidades e ao sabor dos eventos. Também é inegável a influência das cortes dos reis helenísticos do Oriente Próximo. Delas surgiu o nome de "áulicos" dado aos cortesãos, derivado de *aula*, termo tomado de empréstimo do grego, reservado inicialmente para designar um "pátio aberto" na entrada de uma moradia, passando depois a designar um "pátio central". Foi em torno da residência do monte Palatino (origem da palavra "palácio") que se constituiu o primeiro sistema de comunicação entre o príncipe e os cidadãos. Vitélio praticamente abdicou ao abandonar a *arx imperii*, ou a "cidadela do Império", a residência do palatino, segundo nos conta Tácito. Já em Suetônio, a palavra *aula* é identificada como *domus*. A corte acolhia, desde Augusto, além de certos magistrados encarregados das primeiras instâncias de decisão, duas categorias sociais: a plebe e as ordens aristocráticas, formadas pelos senadores e eqüestres. A presença de simples cidadãos na *salutatio* matinal, mesmo em caráter de exceção, só é confirmada por depoimentos bastante posteriores. Eram os senadores que se reuniam regularmente na corte, quando não havia sessão do Senado, e alguns cavaleiros se misturavam entre eles. Novos protocolos foram se desenvolvendo ao longo do século primeiro. Progressivamente se estabeleceu o *adulatio*, ou seja, o espírito cortesão. Uma hierarquia composta pelos amigos do imperador foi emergindo aos poucos, mas só assumiu caráter permanente na época de Adriano. Era a distinção entre saudação e admissão que separava os que somente tinham direito de fazer uma visita de cortesia daqueles íntimos do imperador ou dos hóspedes de maior importância.

A honra suprema era o acesso ao *cubiculum*, isto é, a câmara do imperador, reservada a um número muito pequeno de privilegiados. Calígula e Domiciano, sem conseguirem impor o costume, procuraram determinar aos cortesãos o uso da pênula (um manto com capuz) como a veste imperial adequada aos rituais áulicos e a *proskynesis*, ou prosternação perante o "imperador-deus", como parte do protocolo. O convite para jantar no salão do novo palácio, que Domiciano chamou de *cenatio Jovis* (sala de jantar de Júpiter), era considerado como um imenso privilégio. De acesso limitado a uns poucos indivíduos de maior importância, a corte favorecia o desenvolvimento da imagem de superioridade do príncipe e de sua família. O palatino destronou o Fórum e a Cúria, fazendo com que todos os olhares passassem a se concentrar nele.

2. **Sua função** – Os deveres dos imperadores evoluíram com o tempo. Ocupavam de maneiras diversas os augustos, de acordo com sua personalidade e com as circunstâncias da época. Conforme registrou Suetônio, Vespasiano dividia seu tempo em duas partes, segundo a maneira clássica do povo romano: desde antes do nascer do sol até a hora da sesta (por volta das duas da tarde), sua atenção era ocupada geralmente pelos negócios do Império e do Estado; o segundo período era dedicado à sua vida privada, seguindo uma rotina mais ou menos constante, cujo evento mais importante era o repasto do meio da tarde, a *cena*, tomado no *triclinium*, salvo se estivesse previsto um verdadeiro *convivium*, ou banquete. Esse foi somente um exemplo. Fora de Roma, em deslocamento, viagem ou expedição militar, os imperadores eram acompanhados por um prefeito do pretório, por conselheiros ou companheiros (*comites*), por ajudantes de ordens e escribas. Eles concediam audiências, julgavam, organizavam, chegavam mesmo a distribuir o toque da cura, em sua condição de pontífices, salvo quando eram monopolizados pelas questões militares, o que se produzia com freqüência cada vez maior. O exercício do poder não era, portanto, limitado a Roma e a seus locais de decisão. Os negócios acompanhavam o augusto, mesmo quando se achava itinerante.

Nenhum imperador se desinteressou dessas tarefas. Todavia, não se pode reduzir a ação dos imperadores a uma sucessão de reações perante infindáveis solicitações, nem tampouco a uma gestão do império como se fosse um patrimônio. A instauração de regras de funcionamento nunca chegou a ser constante ou sistemática. Antes de tomar suas decisões, o imperador se informava, consultando as opiniões de conselheiros, escolhidos especificamente por sua competência em determinados assuntos. O título oficial de *consiliarius*, associado à jurisprudência, segundo parece, não foi empregado antes de Marco Aurélio. Havia escritórios (os *officia palatina*) – dirigidos inicialmente por domésticos imperiais, em geral libertos, mas a seguir, quase exclusivamente, por senadores e membros da ordens eqüestres – que preparavam relatórios e redigiam as decisões, que eram encarregados de investigações (*a cognitionibus*), de processos (*a libellis*), da correspondência (*ab epistulis*), da contabilidade (*a rationibus*) ou das cópias de arquivos (*a memoria,* embora estes só tenham passado a ser nomeados a partir do final do século II). Era freqüente Adriano não tomar qualquer decisão antes de consultar as minutas dos relatórios ou *commentarii*. O incêndio do palácio, em 192, revelou, segundo os escritos de Dion Cássio, que a residência do césar abrigava uma grande parte dos arquivos concernentes ao estado civil e à cidadania, às graduações do oficialato e às tabelas de avanço dos militares. Em geral, o regime não dependia de decisões súbitas ou de arbitrariedades.

O imperador transmitia suas instruções, ou *mandata*, que eram obedecidas sem discussão, porque era ele o encarregado de controlar o Império em todo o seu conjunto. Os governadores das províncias, os comandantes das unidades militares ou dos exércitos em campanha e os procuradores encarregados das finanças, todos recebiam e acatavam suas diretivas. A elaboração das leis cabia tradicionalmente à iniciativa de um magistrado, cujo projeto era submetido a comícios populares. O Senado publicava também decretos, os "senátus-consulto", que deveriam ser proclamados por um cônsul ou por um tribuno da plebe e que se tornavam leis no sentido técnico do termo, ou seja, decretos lidos em público, mas cuja vigência só se tornava válida depois de votados e aprovados pelo povo. Esse processo de promulgação foi sendo modificado muito lentamente pelos imperadores, nem tanto pela suspensão dos procedimentos anteriores como pela transformação profunda e contínua do espírito das leis, sem esquecer a diminuição progressiva das atividades legislativas senatoriais nos domínios do direito público que, na época precedente, estava diretamente sob seu controle. Em questões de direito privado, os editos dos pretores conservaram sua autoridade e influência até a época de Adriano, ao mesmo tempo que as atividades conferidas ao Senado iam sendo diversificadas e multiplicadas desde a época de Augusto até a ascensão dos Severos. Em compensação, pelos poderes que lhes haviam sido retirados, os césares transferiram para o Senado as principais atribuições e atividades anteriormente reservadas aos comícios, embora o povo não fosse diretamente eliminado de toda a participação nos procedimentos legislativos senão nas últimas décadas do Alto Império. Os príncipes não se proclamaram de uma vez por todas como a fonte única do direito. Ao contrário, só aos poucos é que eles foram monopolizando a jurisprudência, promulgando as leis através de normas imperiais de direito, em cuja elaboração eram assistidos por seus conselheiros e jurisconsultos, um processo que pode ser acompanhado através dos editos, proclamações, decretos, cartas e discursos no Senado, ou *orationes*. Foi somente sob os Severos que se consagrou a "estatização" do direito, cuja centralização era apoiada pela autoridade do *consilium*. Todavia, nem assim o Imperador deixou de submeter-se ao direito e às leis que sancionava, embora contribuísse para impô-las e dotá-las de uma nova racionalidade.

Não havia vestes imperiais determinadas. Nenhuma representação imperial exclusiva era importante o bastante para simbolizar a função administrativa e sua *maiestas* (sua "superioridade"). A estatuária, os relevos e as cunhagens apresentavam alternativamente muitas representações diferentes. Uma vez que era simultaneamente o magistrado supremo, o comandante-em-chefe dos exércitos e o sumo sacerdote, ele encarnava a justiça (que distribuía com freqüência e de boa vontade), a invencibilidade de Roma na testa do império e a piedade perante os deuses, símbolo de sua eleição divina. Vestindo toga e sentado no assento curul (a *sella curulis*, uma cadeira dobrável, com braços, mas sem espaldar e com pés trançados, uns sobre os outros) e não sobre o *thronus,* ou trono real, disposto sobre um estrado, ele expressava a benevolência e a clemência de sua posição. A cavalo, revestido de uma túnica e de um *paludamentum* (manto militar), como ocorria em um *adventus* (entrada solene em Roma por ocasião do retorno de uma expedição militar), ou de pé, protegido pelo *thorax*, uma couraça com musculatura definida, fundida em metal decorado de medalhões simbolizando a Vitória, o *imperator* relembra que é ele o responsável pela vigília contra os perigos que ameaçam permanentemente o Império. Com a cabeça velada, munido de uma pátera (vaso para libações) e de um cilindro (com cereais), expressa seu respeito pelos deuses, cujos favores e proteção é o responsável por assegurar. Morto, ele representa a nudez heróica e divina, sinal da apoteose benfazeja, através da qual se demonstrou igual aos deuses. Essas representações, em qualquer meio pictórico, misturavam eficazmente os atributos mencionados nos diversos formatos básicos citados acima, segundo combinações variadas, que transmitiam uma retórica e um simbolismo de fácil decifração a todos os que conhecessem quais as qualidades do poder que representavam.

A linguagem monetária ilustra a necessidade de reaproximar a pessoa e as funções imperiais das populações e dos cidadãos residentes dos recantos mais afastados do Império. Cada titular escolhia seus temas preferidos e suas imagens prediletas para cunhá-los nas moedas e medalhas, mas sem os impor. Eram a efígie ou o busto do imperador (o último a partir de Marco Aurélio) que garantiam o valor da moeda. Ainda que tenham sido empregados algumas vezes dísticos de "propaganda", mencionar a existência de "ideologias" é um anacronismo, já que elas não se destinavam a reforçar a expressão do poder imperial "contido em si mesmo..." A superioridade evidente do poder do imperador não necessitava de ser reforçada ideologicamente, porque era conhecida por todos e visível aos olhos. Eventualmente uma mentira ou dissimulação buscava esconder a fraqueza do césar reinante, mas tais artifícios não se destinavam deliberadamente a convencer, educar ou, menos ainda, a doutrinar. Tinha-se liberdade de acreditar ou não nos dísticos cunhados. Por outro lado, o imperador não podia abrir mão de todo esse aparato sem prejudicar sua própria imagem: na verdade, era o aparato do poder que o dominava (P. Veyne).

3. **O sentimento monárquico** – Apesar dos numerosos elementos que o classificariam como uma monarquia estatal, o Império de Roma era também uma monarquia pessoal. A adesão ao regime criado por Augusto era praticamente unânime. Não se pode, todavia, comparar os sentimentos do público em relação à autoridade que o poder de império atribuía à pessoa imperial com aqueles que são inspirados por uma realeza julgada como condição natural. Sem dúvida, nenhum romano aceitaria um césar que não tivesse por ambição buscar o bem, praticar a virtude, fazer reinar a ordem e a felicidade em toda parte que devia e podia, do mesmo modo como agiria um pai preocupado com o bem-estar de seus filhos. Era por isso que a obediência lhe era devida. A afeição dos cidadãos e da soldadesca era expressa por ocasião das diversas festas comemorativas dos aniversários do augusto reinante ou dos membros de sua família. A morte dos filhos de Agripa, Caio e Lúcio, foi sinceramente pranteada pelo povo, do mesmo modo que a crença no assassinato de Germânico desencadeou a cólera popular. Todos os atos de generosidade a ele atribuídos reforçavam o amor pelo príncipe. Todavia, sua legitimidade não era reconhecida como incontestável.

A popularidade e a boa reputação gozada no seio do povo pesavam fortemente na própria Roma. Porém as opiniões da plebe, dos patrícios ou dos militares sobre o senhor do império podiam divergir. A leitura de Tácito e de Plínio, o Moço, demonstram que o poder se encontrava ainda sob o controle dos senadores, que gostavam de enfeitar o imperador com virtudes aristocráticas: moderação ou senso de medida, acessibilidade, simplicidade, justiça, respeito, piedade e apreciação dos valores guerreiros. Os cidadãos se revoltavam quando acreditavam ter ocorrido uma falta de *civilitas*, que era um composto de cortesia e de bondade para com eles. O césar não era nem o herdeiro legítimo de uma herança, nem o proprietário de um reino. A boa vontade dos cidadãos para com ele dependia do bom funcionamento aparente do Império. Os riscos de desordem pública, o medo de derrotas, os excessos de luxo ou de violência, o aparente exercício tirânico da autoridade e outros motivos de insatisfação justificavam um movimento popular para substituir o senhor do palatino. Quando as necessidades militares de defesa do Império se tornavam mais imperiosas, a opinião dos militares se sobrepunha a dos demais. Era a vitória conferida pelos deuses que originava um reconhecimento mais ou menos duradouro de quem estivesse então ocupando o trono.

A dimensão religiosa do poder e a força divina suplementar conferida ao augusto reinante pelos deuses não tinham nada de excepcional dentro da maneira de pensar dos romanos. O encargo de um Império semelhante ao de Roma supunha qualidades sobre-humanas e o favorecimento da sorte (*fortuna* em latim, *tiqué* ou *tiquéia* em grego), uma forma de cumplicidade com os deuses e o apoio direto do mundo divino, que para eles se localizava bem mais próximo do que se imagina hoje em dia. O culto imperial não era o resultado de um fetichismo premeditado ou de superstições enganadoras. A idéia de divinização do imperador morto e consagrado à apoteose não derivava de qualquer ingenuidade ou insinceridade. Mesmo quando se afirmava que o imperador falecido tomara assento entre os deuses, ele nunca chegava a ser considerado igual a Júpiter ou a Marte. No entanto, quando o Imperador se mostrava digno de sua função e demonstrava possuir efetivamente todos os méritos que ela teoricamente supunha, ele obtinha um respeito particular da parte dos cidadãos e granjeava um prestígio adequado à grandeza de Roma e de seu Império, que se considerava então abençoado pela estima de seus padroeiros divinos. Em sua condição de parte integrante da religião pública, o culto dos imperadores mortos, realizado em parte através das homenagens dirigidas aos imperadores vivos, não refletia um sentimento irracional de submissão ao *imperium*, mas era uma linguagem deliberada, uma formulação clara dos relacionamentos sutis que ligavam os cidadãos ao poder constituído, com a intenção de conservar a ordem do mundo terreno, em conformidade com a ordem que reinava no cosmos.

A impossibilidade de um imperador fazer tudo e tudo controlar submetia a pessoa do príncipe a tensões e pressões permanentes. As circunstâncias conduziram pouco a pouco à partilha de tarefas, pela associação do imperador com um auxiliar de posição um tanto inferior, designado como o "césar" (Tito sob Vespasiano, Trajano sob Nerva) ou de um colega de nível semelhante, que também recebia o título de "augusto". Esse costume foi reforçado durante os períodos de crises militares, caracterizados pela freqüência de movimentos revolucionários que conduziram ou pretendiam conduzir a usurpações numerosas e simultâneas. Mas geralmente a qualidade unitária da função imperial forçava seus titulares a assumir o monopólio pessoal do poder, dentro de um contexto em que o Senado se havia tornado incapaz de servir como qualquer contrapeso ao poder dos augustos. Submetido ao acaso dos acontecimentos bélicos, vigiado atentamente pelos chefes militares do estado-maior, os indivíduos que encarnavam o Império tendiam a se afastar cada vez mais do apoio concreto dos cidadãos e a buscar a confirmação e a ajuda dos senhores do céu.

II. A capital: Roma

Foi Augusto quem estabeleceu inicialmente a imagem de um universo centrado em Roma. A cidade conquistadora e senhora do mundo era a única capital, a sede do Império, a cabeça visível e identificável dos territórios que ela dominava e organizava. Até a ascensão dos Severos e incluindo esses, o imperador era coroado em Roma e apenas em Roma, sem que ninguém pensasse em mudar o local. Durante o Alto Império, a *Urbs* acumulava, concentrava e abrangia tudo ou quase tudo que existia no mundo conhecido, como nos diz Élio Aristides. Dotada de uma aparência monumental, sem equivalente no mundo inteiro, obtida através de uma série contínua de programas de desenvolvimento arquitetônico determinados pelos imperadores, Roma foi escolhida unanimemente como o modelo do urbanismo, mesmo antes de se tornar legalmente a pátria comum. Cosmopolita, ela vivia em simbiose com o restante do Império, não esquecendo nunca, contudo, que além de capital, também era uma cidade.

1. **Redefinições** – Augusto tirou vantagem de todas as conseqüências negativas resultantes de uma evolução urbana insuficientemente controlada pela *res publica* durante o período das crises militares e das guerras civis. Todo o espaço urbano foi sendo progressivamente remodelado por suas iniciativas, a partir de 7 a.C., afetando as catorze regiões da Roma antiga, que cobriam cerca de 1.450 hectares e abrigavam cerca de 1 milhão de habitantes, provavelmente sem contar as áreas e a população dos bairros (os *continentia*). Cada região foi redistribuída em quarteirões, os *vici*, cujo total montava a 265, segundo Plínio, o Velho. A distinção tradicional entre tribos rústicas e tribos urbanas tinha perdido o sentido depois da unificação jurídica da Itália. A plebe urbana absorveu as 35 tribos originais e passou a ser caracterizada pela posse de um domicílio romano. Porém as modernizações introduzidas não fizeram desaparecer subitamente as antigas divisões. A simplificação pretendida deu prioridade à dimensão topográfica sobre os grupos humanos, com o objetivo de facilitar as operações administrativas por meio do emprego de inventários numerados. O poder de império incontestado impôs o método julgado mais eficaz pelo governante, porque parecia melhor adaptado a um controle mais estrito das autoridades encarregadas de governar a cida-

de. A renovação urbana foi completada pela instauração, em cada *vicus*[15], dos jogos compitais – dedicados aos deuses Lares, protetores das encruzilhadas (os *compita*) e ao Gênio de Augusto –, destinados a ser instrumentos de uma integração política e religiosa da imagem imperial ao espaço urbano; ao mesmo tempo foram criadas associações de bairro, presididas por um *magister* de origem modesta (um membro, freqüentemente um liberto, da *plebs infima*), o que atribuía ao povo humilde das classes operárias o seu próprio papel na manutenção da ordem pública e na perpetuação da memória dos imperadores.

O *imperium* e a potência tribunícia legitimavam as intervenções do césar reinante no governo da aglomeração urbana. Suas prerrogativas eliminaram qualquer veleidade de autonomia da parte dos antigos órgãos dependentes da magistratura ou do Senado. Roma era uma questão séria demais e política demais para ser deixada aos cuidados dos senadores. Dois Prefeitos do Pretório foram nomeados a partir de 2 a.C. e colocados à testa das nove coortes pretorianas instituídas desde 26 a.C., destinadas a velar pela segurança do Estado e a recordar a todos que o aparato do poder exigia um braço militar. Foi somente depois da nomeação de Sejano como um dos prefeitos que foi estabelecida uma caserna na própria Roma, a *castra praetoria,* localizada perto da Porta Nomentana, na colina do Vimiral. As coortes urbanas ocuparam esse quartel, segundo parece, até a época de Cômodo. O pretório não se confundia com a guarda pessoal do imperador, formada inicialmente por recrutas germânicos e espanhóis, antes da instituição mais tardia dos *equites singulares*, os "cavaleiros imperiais". Novos responsáveis foram colocados à testa das "curatelas" instituídas pelo imperador, entre elas o serviço ou *cura* encarregado da manutenção e funcionamento dos aquedutos, o serviço de supervisão e conservação dos edifícios e lugares públicos, o serviço de

15. Bairros da Roma antiga, segundo uma divisão feita por Augusto. (N.T.)

limpeza e desobstrução do rio Tibre, de suas margens e das saídas dos esgotos. O combate aos incêndios tornou-se atribuição do Prefeito das Vigílias, um membro da classe dos cavaleiros que assumia o comando de sete coortes de bombeiros (uma para cada duas regiões), que acumulavam o serviço da guarda noturna. O prefeito da cidade – a partir de então um senador experiente, que portava uma insígnia para ser reconhecido e dependia diretamente das ordens do imperador – recebeu um pouco mais tarde, sem dúvida durante o governo de Tibério, o comando das coortes urbanas destinadas ao policiamento diurno.

Além das catástrofes naturais, acompanhadas ocasionalmente por epidemias, a questão da provisão de alimentos para a "megalópole" romana era uma preocupação cotidiana do imperador. Um aprovisionamento controlado foi instalado por volta de 8 d.C., a chamada Prefeitura da Anona, ou seja, do "fornecimento de cereais", base da alimentação e símbolo da abundância e da liberdade dos cidadãos. Calculou-se que 60 milhões de *modii* (400 mil toneladas), calculado o módio como correspondendo aproximadamente ao alqueire mais moderno (uma medida que pesava em média 6,6 quilos de cereais), 320 mil ânforas (22.500 toneladas) de azeite e 150 milhões de litros de vinho correspondiam às necessidades anuais do consumo urbano. A importância política da nutrição pode ser medida pelo fato de que o próprio Augusto achou impossível suprimir as distribuições mensais gratuitas de trigo aos 150 a 200 mil cidadãos que tinham esse direito e estavam inscritos na lista oficial. Esse privilégio perdurou ao longo de todo o Império. A construção de portos ao norte de Óstia por Cláudio e Trajano salientou a vontade dos imperadores de resolver de maneira eficiente um problema tão constante quanto vital para a paz social. Frontino nos relata que a manutenção de um suprimento abundante de água foi também uma preocupação constante dos augustos.

2. **A "cidade dos césares"** – Somente iniciado no último século da República, o programa de desenvolvimento

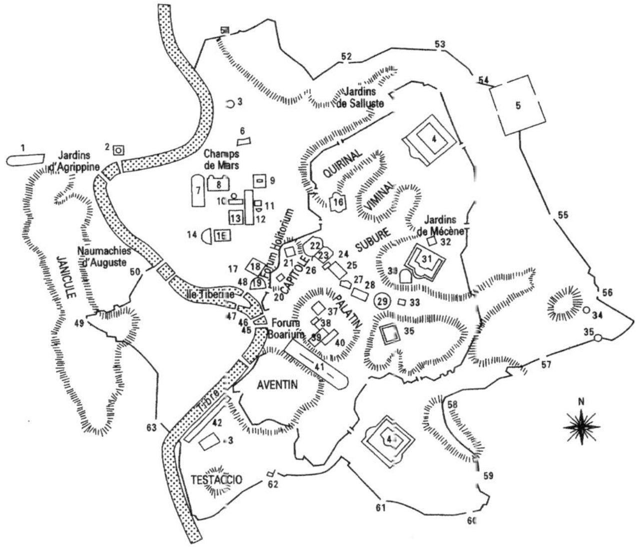

Roma imperial

1 – Circo de Calígula
2 – Mausoléu de Adriano
3 – Mausoléu de Augusto
4 – Termas de Diocleciano
5 – Quartel dos Pretorianos
6 – Quadrante Solar de Augusto (*Horologium*);
7 – Estádio de Domiciano
8 – Termas de Nero
9 – Templo do Divino Adriano
10 – Panteão
11 – Templo de Ísis
12 – Recinto de Júlia
13 – Termas de Agripa
14 – Teatro de Pompeu
15 – Pórtico de Pompeu
16 – Termas de Constantino
17 – Circo Flamínio
18 – Pórtico de Otávio
19 – Teatro de Marcelo
20 – Templo de *Jupiter Optimus Maximus*
21 – Cidadela (*Arx*)
22 – Fórum de Trajano
23 – Fórum de Augusto
24 – Fórum de Nerva
25 – Fórum da Paz
26 – Fórum de César
27 – Basílica de Constantino
28 – Templo de Vênus e da deusa Roma
29 – Anfiteatro Flaviano (o Coliseu)
30 – Termas de Tito
31 – Termas de Trajano
32 – Pórtico de Lívia
33 – Grande Praça de Jogos
34 – Termas de Helena
35 – Anfiteatro Militar (Anfiteatro Castrense)
36 – Templo do Divino Cláudio
37 – Mansão Tiberiana
38 – Mansão Flávia
39 – Mansão Augustina
40 – Estádio
41 – Hipódromo
42 – Pórtico de Emília
43 – Armazéns de Galba (*Horrea Galbana*)
44 – Termas de Caracala
45 – Ponte de Sublício
46 – Ponte de Emílio
47 – Ponte de Céstio
48 – Ponte de Fabrício
49 – Porta Aurélia
50 – Porta Septimiana
51 – Porta Flamínia
52 – Porta Princiana
53 – Porta Salária
54 – Porta Nomentana
55 – Porta Tiburtina
56 – Porta Prenestina
57 – Porta Asinária
58 – Porta Metrônia
59 – Porta Latina
60 – Porta Ápia
61 – Porta Ardeatina
62 – Porta Ostiense
63 – Porta Portuense

arquitetônico da capital tomou novo impulso com a construção de inúmeros monumentos pelos titulares do principado (veja o mapa na página 45). Os bairros populares, no coração da aglomeração – Suburra, Argileto e Velabro, entre outros – foram sendo reduzidos aos poucos, até quase desaparecerem, em favor de edificações que exprimiam a majestade do Império e a potência de Roma. Os tijolos cozidos em fornos substituíram os tijolos de barro secos ao sol, enquanto novas soluções e concepções urbanísticas facilitaram as construções em um espaço habitável cada vez mais reduzido: os edifícios de apartamentos de muitos andares, construídos em madeira e denominados *insulae*, cujo conforto era muito mais heterogêneo do que nos fazem pensar os textos contemporâneos (uma parte deles apresentava qualidade de instalações suficientemente boa para atrair e alojar uma quantidade significativa de cidadãos de situação econômica relativamente favorável); a modernização das termas e das latrinas públicas; e a multiplicação das *tabernae*, lugares públicos de refeições instalados nos andares térreos, que se abriam diretamente para as ruas. As últimas famílias patrícias que ainda se achavam presentes nessas áreas foram constrangidas, sob o governo de Domiciano, a deixar o monte Palatino e seus arredores. Estas amplas *domus* particulares, devoradoras de espaços urbanos, já tinham sido objeto de limitações no tempo de Augusto, mas elas não haviam sido inteiramente respeitadas. Acima de tudo, a crescente expansão imperial pelos bairros centrais da cidade obrigou os aristocratas a se contentarem com residências menos esplendorosas nas colinas do Esquilino (como nos relatavam Plínio, o Moço, e Frontino), do Quirinal, do Célio ou do Aventino: a evolução da arquitetura monumental urbana demonstra que houve uma pressão progressiva sobre a vida privada. Os ricos foram se mudando aos poucos para suas vilas suburbanas, onde o espaço ainda era abundante, permitindo a construção de parques e jardins, que abrigavam pavilhões destinados ao lazer, termas particulares e outros locais de repouso. Os *horti* (residências cercadas de jardins arborizados) imperiais, que também foram localizados nos subúrbios, por mais ricos que fossem, não chegavam a causar inveja à suntuosidade aristocrática de muitos desses jardins patrícios.

As numerosas iniciativas tomadas pelos imperadores em matéria de construções públicas não diminuíram absolutamente o impulso que então animava as atividades de construções privadas. Por outro lado, Otávio Augusto não se envolvia diretamente na execução de seus planos, mas confiava a direção das obras públicas a seu filho Agripa e, devido à morte deste, a curadores experientes das famílias senatoriais. Já Cláudio acentuou a intervenção imperial em detrimento do lento controle antes praticado pelo Senado, cuidando pessoalmente de cada detalhe, desde orçamentos até o recrutamento de pessoal especializado em arquitetura e construção. Os Flavianos parecem ter ampliado a concentração dos meios administrativos e técnicos nas mãos do poder imperial, tendo projetado uma *cura* permanente das construções públicas, a chamada *opera Caesaris,* o que não significa que ela efetivamente tenha sido criada. O termo parece antes referir-se aos projetos e realizações que todo senhor do império deveria planejar. Os meios à sua disposição eram desproporcionais em comparação aos dos senadores e dos mais ricos cavaleiros. Jamais anteriormente as construções públicas tinham sido empreendidas em tal escala. Não obstante, os programas e as decisões não foram sendo tomados arbitrariamente. As expropriações, a natureza dos monumentos e sua utilidade pública, até mesmo sua estética, suscitavam reações da plebe, que tinham de ser previstas e sopesadas com cuidado. Os edifícios sagrados, em sua maioria, eram superpostos a templos mais antigos. As questões de espaço e de dinheiro tinham lugar decisivo e geralmente se imagina que o comportamento mais moderado de Antonino, o Pio, o sucessor do empreendedor Adriano, tenha sido o resultado tanto da exigüidade de espaço no perímetro urbano como da escassez de meios financeiros.

Fala-se freqüentemente em "arquitetura de representação", porque recordava as realizações e salientava o poder imperial (P. Gros). Todavia, os monumentos tinham também uma outra função mais prática, isto é, a de referências: lugares que se podiam avistar de longe e que permitiam a orientação dentro de um espaço urbano em que as ruas não eram demarcadas por placas nem as casas por números, no qual os bairros e quarteirões nem de longe eram formados pelos quadriláteros regulares e separados por vias de acesso retilíneas, como os que se pôde escavar nos sítios arqueológicos de outras cidades do Império fundadas depois de Roma. Ao invés do estabelecimento de um traçado regular, as principais criações imperiais se concentraram na ornamentação da colina do Palatino e dos setores centrais, especialmente os localizados ao redor do Fórum Romano e das colinas do Capitólio, do Quirinal, do Viminal, do Esquilino e do Célio. Uma segunda tendência se encontra, a partir de Pompeu e de Júlio César, na ocupação sistemática do Campo de Marte, localizado inicialmente fora do perímetro das muralhas. Os muitos fóruns construídos pelos imperadores demonstram que as obras imperiais tinham também caráter político, manifestado pela construção contínua de obras arquitetônicas destinadas ao bem-estar do povo romano; mas expressavam também um confisco progressivo da memória, através das demolições e reconstruções que manifestavam a superioridade do novo regime, como única garantia do passado de conquistas e do presente feliz. Tratava-se de uma verdadeira cenografia do poder, demonstrada por meio dessa construção sucessiva de prédios excepcionais, destinados a proclamar o consenso das camadas sociais abençoado pela aprovação dos deuses. A riqueza das decorações constituía uma inovação em Roma. Templos majestosos, termas públicas com dimensões inusitadas, edifícios destinados a espetáculos públicos dotados de proporções literalmente colossais, abertura de avenidas e construção de pórticos comemorativos tomavam os lugares dos antigos prédios acanhados e de exteriores simples, criando uma ambientação urbana amplamente valorizada. Os edifícios revestidos de mármore e de relevos de efeitos deslumbrantes declaravam unanimemente que

Roma era a senhora do mundo conhecido e que o detentor do poder era o depositário de sua grandeza e de sua glória. As ligações arquitetônicas levantadas mais tarde entre dois conjuntos monumentais independentes reforçavam o valor simbólico daquela cenografia teatral, articulada sobre um discurso ideológico que cada um poderia interpretar como melhor lhe parecesse. P. Zanker descreveu o programa do Coliseu, substituindo a "Mansão de Ouro" de Nero e completado pelas Termas de Trajano, como a demonstração do reconhecimento do papel central que ocupavam dentro dessa programação os divertimentos destinados ao povo. O próprio Anfiteatro Flaviano, o Coliseu, era um espaço fechado, em razão dos jogos sangrentos que simbolicamente substituíam as guerras civis e as limitavam ao interior desse recinto. Porém ele não era cortado do mundo exterior, muito pelo contrário: era ligado às ruas por uma rede de passagens e de vias de circulação, construídas por baixo das arquibancadas, cuja disposição social também era representativa da hierarquia cívica.

3. **As dependências do governo** – O palatino e os *horti* imperiais eram simultaneamente a residência de um amo e senhor, de um monarca e de um eleito dos deuses. Fora deles, os prédios destinados ao governo de Roma e do Império não formavam um bairro administrativo autônomo e identificável. Não existia sequer uma arquitetura particular que caracterizasse os edifícios de escritórios ou os locais em que trabalhavam os altos funcionários imperiais colocados na direção das *curas*. Mesmo as construções de destino e arquitetura facilmente reconhecíveis, tais como os templos e as basílicas, não eram limitadas a funções religiosas ou judiciárias. Ao longo de todo o Império, os lugares em que se administrava o governo e em que se preparavam as decisões que envolveriam Roma e seus territórios eram disseminados pela cidade ao sabor das circunstâncias. Foi muito lentamente que os negócios da cidade e da Itália e os do resto do mundo foram sendo melhor concentrados, na medida em que

se percebia que a importância do que se passava em Roma não era estritamente limitada ao espaço urbano. As técnicas administrativas evoluíram sob o efeito da multiplicação das atividades e das questões que deveriam ser abordadas. A consulta de arquivos, o intercâmbio de informações e de correspondência, a prática de investigações completas e cada vez mais amplas, a referência aos regulamentos anteriores e a crescente atenção à jurisprudência, a necessidade de responder às múltiplas solicitações dos cidadãos, das cidades, das comunidades e dos soldados urdiram progressivamente uma trama de procedimentos tão pesados quanto complicados. Todavia, nada sugere que se tenha desenvolvido uma burocracia sufocante ou mesmo geradora de imensa papelada.

A participação do Senado na administração do Império assumiu um caráter totalmente novo. A cúria, situada no Fórum, embora fosse sua sede tradicional, não era senão um dentre vários lugares de reunião possíveis. A natureza da ordem do dia dava motivo para a transferência ocasional das sessões para o templo de uma divindade julgada eficaz para a orientação da sessão com referência ao ponto abordado. A Cúria de Pompeu, segundo parece, nunca mais foi usada como lugar de reunião do Senado, após o assassinato de Júlio César, no dia 15 de março de 44 a.C. Entretanto, os primeiros imperadores não suspenderam repentinamente essa tradição de locais de convocação diversificados. O príncipe somente se assentava no Senado quando era convidado – cada vez menos –, ou apenas se manifestava por meio de uma epístola à "muito esplêndida" assembléia – o que acontecia cada vez com maior freqüência. O essencial para satisfazê-la era que ele soubesse demonstrar deferência para com a assembléia. A Cúria Juliana (*Curia Iulia*), assim chamada por ter sido restaurada por César depois de um incêndio, passou a tornar-se o lugar ordinário das sessões no decorrer do século I de nossa era. Tibério atribuiu as eleições dos magistrados ao Senado, eliminando o voto popular, fonte de grande corrupção. Elas eram convocadas por meio de um calendário regular. Os "pais conscritos" se encarregavam também de conceder honras aos príncipes e a seus parentes, além de investiduras e consagrações: triunfos, estátuas e homenagens particulares, inclusive aquelas concedidas aos próprios senadores. Domiciano recebeu dos senadores, por exemplo, o direito de dar o nome de "domício" ao mês de outubro, em que nascera, a exemplo dos meses de julho e agosto (anteriormente chamados de "quintilis" e "sextilis", dedicados a Júlio César e a Otávio Augusto). As finanças, a moeda (o que é comprovado pelas cunhagens em bronze com o dístico *ex s[enatus] c[onsulto]*, abreviado por *SC*), a legislação, a religião e os assuntos provinciais (embaixadas, processos, auxílios e honras concedidos às cidades, informações militares) também foram entregues a suas deliberações. Contudo, a despeito de todo o seu prestígio, a Cúria deixara de ser o centro único das decisões e passara a constituir apenas uma engrenagem entre as muitas que compunham a mecânica governamental.

Os símbolos do Estado e dos instrumentos de seu poder demarcavam a topografia do centro da capital. O Templo de Jano, localizado no Fórum Romano, fechava as portas ao final de cada guerra, a fim de aprisionar a paz recuperada. O Pórtico de Minúcio, no Campo de Marte, era o cenário do ritual das distribuições de trigo, repetidas a cada mês. Cada cidadão que tinha direito, munido de sua téssera (pedrinha de mosaico que servia como ficha) e de um saco de cânhamo ou de algodão, ia receber todos os meses (ou era representado por um cliente ou liberto), em dias e guichês determinados, sua ração de cinco alqueires. A *statio* (sede) do Prefeito da Anona se encontrava sem dúvida nas proximidades do *Forum Boarium* (o antigo "Mercado dos bois"). Vespasiano transferiu a prefeitura da cidade e o grande mapa mural da cidade (*forma Urbis*) para o recinto do Templo da deusa Paz. Talvez tenha sido ao sul do Campo de Marte, na *Crypta Balbi*, atrás do palco do teatro de mesmo nome, que o prefeito das Vigílias estabeleceu sua sede. As oficinas da Casa da Moeda imperial saíram da Cidadela (*Arx*) – que ficava nas vizinhanças do Templo de Juno "Evitadora" (dos perigos), em latim *Moneta* (de onde vem o nome de "moeda") – e foram instaladas no monte Célio, depois do incêndio de 80 d.C. Vasto edifício que cercava com sua fachada de vários andares a depressão do Fórum entre o Capitólio e a Cidadela, o *Tabularium* (a "Mansão dos Arquivos" ou *tabulae*) que, segundo se acreditava, abrigava todos os textos e documentos do Estado desde 78 a.C., já não tinha espaço suficiente. Diziam, segundo informa Suetônio, que o próprio Capitólio continha 3 mil tabuletas de bronze, que Vespasiano mandou restaurar após o incêndio de 69 d.C. Diversos monumentos e dependências dos fóruns imperiais abrigavam bibliotecas, compostas tanto por arquivos utilitários de poder e de administração como por conjuntos de obras de consulta. Uma pinacoteca, completada pelas esculturas e ornamentos em ouro conquistados ao Templo de Jerusalém, foi instalada no Templo da Paz. As listas dos cidadãos livres ou libertos eram conservadas, depois da demolição do *Atrium Libertatis* (Paço da Liberdade) em uma *exedra* (sala de reuniões) da Basílica Ulpiana, no Fórum de Trajano, o mais espaçoso de todos os fóruns imperiais. A sombra tutelar do imperador (seu "gênio") era onipresente. Marte Vingador (*Ultor*) despojou Júpiter Capitolino de uma parte de seus poderes militares e triunfais: era dentro do recinto do Fórum de Augusto, consagrado a Marte, que se realizavam os ritos de partida para a guerra, e ali também os governadores passaram a prestar seus juramentos de fidelidade imperial antes de partirem a caminho das províncias para as quais tinham sido designados.

III. A administração das províncias.

Os romanos já afirmavam que é muito mais fácil conquistar um território do que conservá-lo (Dion Cássio). O Império conseguiu descobrir uma solução duradoura para esse problema, pelo menos parcialmente. A reorganização militar era uma de suas chaves; a adoção de métodos novos de governo, sua principal necessidade. Foi Augusto quem lançou as bases para uma organização renovada, cuja própria longevidade é o penhor de seu sucesso.

1. **A dimensão militar** – A nova ordem provincial dependia em grande parte da redefinição do *imperium* como um poder exclusivo do augusto: era preciso evitar, depois de tantas guerras civis, a competição entre *imperatores*. A instituição de exércitos permanentes, indispensáveis ao controle dos territórios e à proteção do Império, não somente facilitava a sua fiscalização, como exigia uma autoridade única. O afastamento progressivo e constante dos teatros de operações em relação ao centro do Império Romano foi fator determinante da localização de guarnições na periferia do Império. As regiões de pacificação recente – o noroeste da Península Ibérica, o *Illyricum*, na costa oriental do mar Adriático e os setores meridional e ocidental da África proconsular – receberam igualmente destacamentos permanente de tropas. Porém as concentrações mais importantes, nos setores do Reno e do Alto Danúbio ou, no Oriente, da Síria e do Egito, copiavam a geografia dos impulsos expansionistas romanos e demonstravam os perigos reais e imaginários que deles resultavam. Todavia, os efetivos julgados necessários para a defesa nos parecem hoje em dia bastante limitados, considerando que Augusto se contentou com 28 e depois com apenas 25 legiões (após o massacre das três legiões em Teutoburgo, que nunca foram substituídas). Ao longo da evolução da situação militar, legiões foram dissolvidas ou se criaram unidades adicionais. No século III, o total se elevava a 33 legiões, mas as conquistas haviam se estendido muito além dos limites estabelecidos na época augustina. Dependendo dos lugares e das circunstâncias, eram criados corpos auxiliares pelo voluntariado de recrutas locais, que correspondiam a um total de 50% a 59% das forças de um exército regional. Um total que oscilava entre 350 mil e 400 mil soldados (contando ou não as tropas aquarteladas em Roma e os marinheiros das frotas) nos dá uma noção do tamanho dos efetivos. Por um lado, os adversários nunca eram muito numerosos e suas táticas de combate eram limitadas; por outro, tinha-se de levar em consideração os limites táticos do emprego de massas de manobra superiores a dez legiões, sendo preferível encontrar

soluções estratégicas apropriadas ao teatro de operações, o que nos revela como os exércitos eram empregados mediante escolhas refletidas e ponderadas. No entanto as situações nunca foram apreciadas por algum organismo equiparável a um estado-maior imperial, capaz de planejar os deslocamentos de tropas em termos de estratégia global, mesmo durante as grandes crises. Quando era necessário decidir sobre os meios necessários para a organização de uma grande expedição, convocavam-se as unidades já conscritas e sediadas em diferentes províncias, algumas vezes sem consideração dos riscos de desequilíbrio que isso poderia provocar. O fato é que o Império Romano nunca teve fronteiras estabelecidas. Nem Augusto, nem nenhum de seus sucessores, mesmo no final do Império, decretaram, em algum momento, o fim das expansões. O *limes* (limite), inicialmente um caminho ou uma via de penetração, passou a significar mais tarde uma fronteira fortificada e durável. Contudo, o emprego dessa palavra nunca correspondeu a uma estratégia planejada claramente para a defesa das fronteiras em escala imperial, mesmo século IV.

O mapa militar foi sendo aos poucos remodelado, mas os deslocamentos de corpos de tropa em caráter emergencial, se bem que de intensidade variável, permaneceram como norma. Em nenhum momento se perceberam modificações decisivas, nem nas concepções da intendência de abastecimentos, nem nas práticas de ordem estratégica, ainda que os eventos do século III forçassem o Império a adaptações táticas correspondentes ao enfrentamento dos novos inimigos e suas diferentes técnicas de combate. Os exércitos provinciais eram geralmente baseados no recrutamento de voluntários, salvo em ocasiões excepcionais, e correspondiam às aspirações de uma sociedade que ansiava pela paz, ao mesmo tempo que era estimulada pelos perigos internos e externos, reais ou previsíveis. Cada vez com maior freqüência, as unidades engajavam voluntários provenientes dos setores geográficos mais próximos a seus locais de acantonamento. Na ausência de corporações civis autônomas de policiamento, as legiões eram responsáveis pela manutenção da ordem nas províncias, do mesmo modo que tradicionalmente faziam as tropas da guarnição urbana de Roma. Desde a origem do Império, o exército era um instrumento determinante de sua organização administrativa. Augusto teve tendência a fixar os limites das províncias de acordo com os melhores interesses romanos, tendo-as em parte redesenhado, o que lhes conferia uma nova identidade e a continuidade julgadas necessárias para o bom andamento dos negócios públicos, conforme nos sugere a leitura conjunta da *História da Natureza*, de Plínio, o Velho.

O conceito de "província" não comportava uma definição simples: não era nem um território no sentido moderno do termo nem um domínio pessoal de um magistrado do povo romano. Em sua origem, designava mais uma "esfera de competência" (C. Nicolet) temporária de um representante da *res publica*, dentro de limites espaciais e cronológicos precisos. O aspecto territorial tornou-se dominante a partir do final da República, mas isso não impedia que fossem efetuados cortes ou reajustes de fronteiras de acordo com as circunstâncias. As divisões territoriais denominadas "províncias" somente adquiriram estabilidade e permanência quando a presença militar nessas áreas diminuiu de importância, sob efeito do monopólio imperial. A partir de então, somente o augusto podia decidir pela criação de uma província ou determinar a extensão ou divisão de um território já estabelecido. No plano administrativo, uma unidade provincial consistia em uma lista alfabética de comunidades, identificadas por nome, importância e estatuto jurídico. A presença militar deixou de ser importante em todas as províncias que passaram a copiar o sistema romano de "governo" sob o controle e a égide, a proteção direta do augusto.

2. **As províncias do povo romano** – Conforme a tradição de Roma, todas as províncias pertenciam histórica e juridicamente ao povo romano que as havia conquistado. A lei de 27 a.C., que originou a nova divisão territorial de que nos falam Estrabão e Dion Cássio, introduziu uma tutela imperial

simultânea à autoridade dos cidadãos representados pelo Senado. Por muito tempo se falou de "províncias senatoriais" e de "províncias imperiais", sob a influência do esquema "diárquico", isto é, de dupla autoridade do poder romano. Uma vez que não existe qualquer confirmação exata da afirmação de que o Senado conservava uma parte decisória, agindo ficticiamente em nome do povo da mesma maneira que o imperador, o melhor é evitar o risco de uma deformação histórica que nos leve a acreditar na idéia de uma partilha de poderes e não simplesmente das tarefas entre o Senado e o imperador, o que poderia também sugerir que a soberania romana tivesse uma base popular, o que é, no mínimo, improvável. A proposta de F. Millar é que todas as províncias sejam consideradas como "províncias públicas", distinguindo-se entre si apenas pelos procedimentos de eleição: de um lado ficavam as províncias públicas "proconsulares", confiadas a um procônsul escolhido pelo Senado, portanto mediante uma autoridade derivada das tradicionais instituições republicanas; do outro, as províncias públicas "imperiais", cujo responsável, investido de títulos diversos, era designado diretamente pelo augusto reinante. Na prática, observou-se que nem as intervenções do príncipe nem os decretos provenientes do Senado eram limitados a províncias definidas. Além disso, os estatutos "imperial" ou "proconsular" não eram adquiridos de forma definitiva: diversas mudanças ocorreram, por exemplo, na Sardenha, na Acaia, na Macedônia ou no Ponto-Bitínia, o que reforça a imagem de uma administração adaptada às circunstâncias e não regrada por princípios jurídicos permanentes. Para concluir, todas as conquistas posteriores a 27 a.C. receberam, sem qualquer exceção, o rótulo de províncias imperiais.

Os critérios políticos exerceram uma função importante, conforme lemos em Estrabão. O estatuto legal de uma província decorria de seu grau de pacificação. Julgava-se que as províncias proconsulares, as mais antigas, pacíficas, urbanizadas, cuja população estava acostumada com a vida em cidades, não causavam perigo à segurança do Império, não necessitando, desse modo, da presença constante de um exército, mas apenas de pequenas unidades de função policial. A primeira das províncias imperiais foi o Egito, conquistado pessoalmente pelo primeiro dos príncipes. Seu governo era confiado a um membro da ordem dos cavaleiros, que recebia o cargo de prefeito, uma dignidade que enfatizava as atividades militares. O governo da Judéia, desde 6 a.C., também era chefiado por um prefeito (por exemplo, Pilatos, durante o reinado do imperador Tibério), que foi transformado por Cláudio em procurador, uma designação que indica a mudança de orientação para tarefas fiscais e financeiras. As províncias imperiais denominadas "eqüestres" (a Judéia até Vespasiano, os três distritos alpinos, a Nórica e a Rétia, durante os primeiros anos após sua criação, a Trácia durante o século I de nossa era e as Mauritânias Cesariana e Tingitana até o final do Império), por serem governadas por membros da ordem dos cavaleiros, eram de relevo montanhoso, de população escassa e pouco civilizadas aos olhos de Roma. As províncias imperiais, sob as ordens de um legado do augusto, de um "propretor" escolhido entre os oficiais pretorianos ou de um representante das famílias consulares, abrigavam de uma a três, excepcionalmente quatro legiões, porque sua situação, seus recursos e a desigualdade regional de seu desenvolvimento político exigiam uma grande vigilância por parte de um augusto, pois boa parte de sua credibilidade dependeria do que nelas transcorresse. As Gálias e as Germânias (criadas sob Domiciano), a Britânia, a Espanha Citerior e a Lusitânia, as Mésias e as Panônias, a Dácia, a Capadócia, a Galácia, a Síria e a Arábia completam uma lista aproximada, sem contar a Numídia que, sem dúvida, muito cedo recebeu autonomia como um reino aliado. A África Proconsular – à qual a Numídia estava, mais do que integrada, associada, conforme nos relata Plínio, o Velho –, do mesmo modo que a província da Ásia, não tinha sido completamente desarmada ("inermes" era o termo técnico), o que pode nos indicar que o estado administrativo de algumas grandes províncias, entre as mais ricas e mais poderosas, dependia de um compromisso, que nunca ficou perfeitamente esclarecido, entre a autoridade do imperador e a do Senado.

O "retorno da guerra" (M. Christol), no século III de nossa era, prejudicou fortemente o equilíbrio precariamente estabelecido nas províncias entre a presença armada e as atividades pacíficas. Derrotas e revoltas de usurpadores, ao lado da obrigação de preservar a unidade do poder e do comando, condição essencial para a manutenção da potência imperial, impuseram uma redistribuição das tarefas e das prioridades. Cavaleiros de alta posição, militares de carreira, foram promovidos às mais altas responsabilidades, enquanto os senadores eram afastados dos comandos das legiões. Uma clara separação foi estabelecida entre as funções militares e civis, anteriormente acumuladas pelos governadores das províncias imperiais. Ao mesmo tempo, algumas das províncias foram parcialmente divididas, um prenúncio da multiplicação de subdivisões ocorrida durante o período seguinte. A Itália, em especial, sofreu repetidas reformas territoriais a partir do governo de Adriano, e suas áreas foram, por sua vez, perdendo pouco a pouco o estatuto unitário e evoluindo naturalmente para um mosaico de circunscrições provinciais, mais tarde homologadas por Diocleciano.

3. **"Governantes e governados"** – As práticas administrativas elaboradas por Augusto tinham sido organizadas para facilitar a exploração arbitrária dos provincianos. Mesmo assim estes, ou pelo menos as nobrezas locais, tinham voz nos conselhos e a possibilidade de introduzir recursos e apresentar requerimentos. Todavia a razão de ser do governo provincial se alicerçava menos na conquista do que no exercício da justiça, da preservação da segurança dos cidadãos romanos, da cobrança regulamentada das rendas (impostos sobre produtos, propriedades rurais e urbanas, minas e pedreiras; e taxas, referidas em seu conjunto com as *vectigalia*) e da manutenção da ordem e da concórdia entre as diversas comunidades autônomas. Nos lugares em que havia guarnições de tropas, as questões militares se somavam às preocupações

habituais e dependiam diretamente de escritórios instalados na capital, nos quais eram registrados as graduações: os *princeps* (soldados de primeira linha), os *cornicularii* (oficiais subalternos), os *commentarienses* (escribas militares encarregados dos relatórios de combate e das ordens do dia), os *beneficiarii* (ordenanças) dos consulares, os *frumentarii* (intendentes), os *speculatores* (batedores) etc. O exército efetuava diferentes missões de policiamento e de assistência técnica a serviço do imperador ou da autoridade provincial, mantinha as funções do pessoal classificado por graduação e as tabelas de avanços, registrava as transferências de uma província para outra, os destacamentos de pelotões por tempo determinado, as licenças e os afastamentos temporários de oficiais e praças. Uma guarda de cavaleiros selecionados, os *equites singulares,* constituída sob o modelo da guarda imperial romana, assegurava a proteção do governador durante sua permanência na capital provincial e o acompanhava em seus deslocamentos. Em casos de necessidade, escoltas de soldados protegiam também os outros funcionários, especialmente os "publicanos", procuradores encarregados da cobrança de impostos. A gestão das finanças de uma província proconsular era confiada a um jovem senador, cujo título era o de questor do procônsul. Nas províncias imperiais, um cavaleiro com experiência militar, o procurador do augusto, controlava todas as despesas da administração. Outros procuradores especializados estavam encarregados das rendas e receitas provenientes das propriedades imperiais ou derivadas de confiscações. Por toda parte, escravos e libertos do césar apoiavam os administradores imperiais nas tarefas de verificação, registro e supervisão cotidianas.

A atividade judiciária ocupava uma parte importante da vida pública do governador; ela foi aumentando regularmente a tal ponto que, no final do Alto Império, a equivalência *iudex* = governador era comum nos textos oficiais. Foi a administração das questões judiciárias que levou à criação de uma nova organização territorial detalhada, em um grau antes desconhecido nas províncias. Existem hoje bons indícios para que se possa acreditar que todas elas foram divididas em comarcas, denominadas "dioceses" no Oriente e *conventus* no Ocidente (R. Haensch). Plínio, o Velho, menciona a existência de tais distritos judiciários, embora apenas na Península Ibérica, na Dalmácia e na Ásia. Outros documentos sugerem que foram igualmente instituídos no Egito e na Cilícia (ver mapa na página 6). Convém admitir uma origem augustina para a introdução desses *conventus*, embora não se possa calcular precisamente o ritmo de sua generalização nas províncias de grandes dimensões. Considerada pouco prestigiosa e aborrecida, em geral a justiça não recebeu grande atenção da parte dos testemunhos contemporâneos, que valorizaram principalmente os aspectos políticos e militares. Além da organização em circunscrições dotadas de capitais, onde as varas eram designadas prioritariamente para o atendimento dos cidadãos das comunidades registradas em uma lista oficial, cada "juiz" – salvo nos casos em que a função era acumulada por procuradores-governadores cujas províncias eram de dimensões demasiado modestas para serem subdivididas – era ajudado por legados jurídicos, o que facilitava a cobertura anual do conjunto de um território provincial freqüentemente muito extenso. Estava perfeitamente estabelecido que as cortes de justiça eram itinerantes. Nesse sentido, as excursões realizadas por um governador, conforme nos relata Estrabão, davam também ocasião para retificar quaisquer questões que necessitassem de reformas, em particular as finanças locais, além de apaziguar conflitos e disputas. Essas viagens igualmente serviam para garantir que as generosidades imperiais com relação a esta ou àquela cidade fossem honradas e cumpridas conforme convinha. Mesmo não sendo um agente do poder romano destinado a realizar qualquer tipo de propaganda, o governador era um elo essencial entre Roma e os habitantes do Império.

Os governadores, fossem membros da ordem eqüestre ou da ordem senatorial, se preparavam no cerne de suas próprias famílias e sob a orientação de servidores experientes do Estado. Uma sucessão de aprendizagens, a escalada progressiva das funções públicas, com duração de um a vários anos, de acordo com a norma observada, a que se submetiam a partir dos vinte ou 25 anos, constituía a trama de uma carreira orientada para a ação e para a prática e alicerçada em alguns princípios morais, como nos revela a correspondência de Plínio, o Moço, a respeito do governo da província da Acaia. A hierarquia das magistraturas romanas (questura, tribunato ou edilidade, pretura e consulado) servia de escada estrutural para o percurso do senador. A formação militar combinava-se aqui com a gestão de escritórios variados e o exercício de responsabilidades administrativas, que implicavam o conhecimento do direito, dos circuitos de transmissão de informações e de diretivas, o desenvolvimento do senso de comando e a familiarização com a política. Os cavaleiros passavam por uma longa preparação militar, seguida de funções principalmente financeiras a serviço dos interesses imperiais (fisco, patrimônio, domínios públicos, recursos privados ou públicos específicos) antes de poder esperar, caso resistissem à seleção e às exigências do tempo, sua nomeação para as grandes prefeituras (a anona, o pretório de Roma ou o governo do Egito), estritamente dependentes do imperador e da confiança por ele manifestada a um servidor do Império. Em média, era preciso ter chegado aos 35 anos para receber o governo de uma província de pouco prestígio, ultrapassar os quarenta ou 45 para assumir a administração de uma província imperial militar e alcançar os cinqüenta anos antes de conseguir ser nomeado para os grandes proconsulados da África e da Ásia. Às regras de antigüidade em vigor e aos imprevistos das vacâncias nos postos se juntavam as qualidades pessoais do pretendente e o reconhecimento dos seus colegas, cada vez que uma nomeação importante se achava em jogo. Quando se observam as reações manifestadas por Plínio, o Moço, no governo da província do Ponto-Bitínia, nada nos assegura que o conhecimento das populações locais e de suas tradições tivesse grande peso sobre as escolhas. A principal obrigação do governador era a de não contrariar as promessas anteriormente manifestadas pelo imperador. A nomeação podia também ser cancelada, em geral por um apelo ou resolução do concílio ou *koinon* provincial. A assembléia, composta por pessoas de importância econômica e social, delegadas por suas respectivas cidades, reunia-se anualmente para a celebração das festas imperiais. Era também a ocasião de apresentar representações e recursos legais contra as decisões romanas, de votar a concessão de honras ou de agradecimentos ou, ao contrário, de queixar-se das atitudes do governador, o que acontecia com maior freqüência do que se poderia supor, se acreditarmos em Tácito ou em Dion Cássio.

O Império Romano tornou-se efetivamente um governo mundial porque não era atrasado por uma burocracia ou uma autoridade militar estáticas, nem tampouco prejudicado por qualquer tipo rudimentar de administração dominada pelos caprichos da incompetência, diletantismo ou corrupção. Em primeiro lugar, Roma não sentia necessidade de qualquer justificativa para seu domínio. Edificou-se lentamente sobre o direito de conquista, mas criou uma jurisprudência imperial que visava a criação de normas aceitáveis para as relações entre o Estado e as comunidades dele dependentes, entre o poder e os cidadãos e entre os relacionamentos dos indivíduos uns com os outros. Não obstante, o Império não era uma construção jurídica no sentido moderno, fundamentando uma unidade legalmente constituída e aceita como tal. Eram o imperador e seus magistrados que o representavam e, de certa maneira, lhe conferiam existência. Já os habitantes do exterior e os moradores das províncias marginais percebiam o Império como um local estrangeiro, de maneira concreta e totalmente vívida. A Constituição Antonina universalizou a cidadania romana em 212 d.C., ampliando com ela os valores da *humanitas* romana (sua cultura e sua educação), mas não introduziu nenhum elemento novo que favorecesse a unificação do território imperial. O que efetivamente unificava o Império eram a crença incontestada em um auxílio divino infalível e a referência à cidade, *civitas* ou *polis*, como o arcabouço e modelo de toda vida civilizada.

Capítulo III

Oitenta milhões de habitantes

O Império Romano, apesar de sua extensão (cerca de 10 milhões de quilômetros quadrados, dentre os quais cerca de 3 milhões ocupados apenas pelo Mediterrâneo) praticamente não era mais povoado do que um dos grandes estados europeus da atualidade. O cálculo de 80 milhões de habitantes compondo sua população total não repousa sobre quaisquer arquivos e não pode constituir senão uma ordem de grandeza aproximativa, considerada muito otimista por alguns, bastante inferior à realidade por outros. A conjuntura econômica favorável durante um tempo relativamente longo, mas tornada instável a partir do governo de Marco Aurélio, nos propõe uma escala de apreciação variável e evolutiva. A diversidade dos espaços urbanos e rurais e das condições regionais e provinciais aumenta mais ainda a necessidade de cautela.

Não obstante, os habitantes do Império viviam, em sua grande maioria, nos espaços abrangidos pelas cidades. No Oriente, a *polis* grega tinha imposto seus parâmetros havia séculos sobre a organização territorial e manteve suas características sob o governo dos imperadores. Já no Ocidente, a *res publica* romana inspirou um modelo municipal flexível, capaz de aceitar a diversidade dos estatutos jurídicos vigentes nas múltiplas comunidades. As aristocracias locais, provinciais ou romanas, com todas as suas hierarquias, estruturavam o edifício social e controlavam as vias de acesso entre os andares da pirâmide. Por toda parte, a política – os interesses comuns e os elementos da vida cívica – controlava as relações entre os notáveis e os residentes mais humildes de uma cidade. É digno de nota que o Império Romano sempre favoreceu o regime aristocrático senatorial em detrimento do democrático, manifestado anteriormente através dos comícios da plebe, ainda que esta instituição não possa ser confundida com os processos eletivos de uma democracia moderna.

I. Populações e sociedades

O Império dos Povos formava o alicerce sobre o qual os conquistadores edificaram sua dominação. Essa dimensão étnica pareceu apagar-se através das divisões territoriais e das constantes reconstruções administrativas dos romanos. Mas esse conceito é ilusório. Para começar, não existem documentos estatísticos – ou, pelo menos, não há registros conhecidos – que nos transmitam valores numéricos mais ou menos exatos sobre a população do Império, seja em sua totalidade, seja por regiões. Além das inscrições funerárias, é a "tabela de sobrevivência" de Ulpiano[16] (*Digesto,* 35, 2, 68), completada por alguns papiros avulsos, que serve como apoio a avaliações em boa parte conjecturais sobre as taxas de mortalidade e a expectativa de vida. Os recenseamentos só nos chegaram de forma limitada e dependem de interpretação em muitas questões importantes. Entre as províncias, dispomos do modelo discutível do Egito, em que a administração imperial, segundo parece, procedia a contagens da população, teoricamente, a cada catorze anos, mas na realidade somente quando as circunstâncias o exigiam. Desse modo, não temos condições reais para afirmar nada a respeito. Os dados qualitativos são um pouco mais eloqüentes. Mas uma demografia satisfatória da Antigüidade ainda está por ser inventada, se é que isso será possível algum dia.

---

16. Domício Ulpiano, jurisconsulto romano, 170-228 d.C. Várias vezes comandante dos pretorianos, exerceu diversas magistraturas. Deixou muitas obras de direito, a mais famosa delas é o *Livro das Singularidades dos Reinos*, que contém a referida tabela sobre a expectativa de vida dos romanos. (N.T.)

1. **Um mosaico de povos** – A leitura de Estrabão ou de Plínio, o Velho nos mostra que as etnias que haviam sido integradas de uma forma ou outra ao Império se contavam às centenas e dividiam os territórios provinciais em pequenas unidades autônomas de contornos imprecisos. O Império de Roma havia absorvido pouco a pouco as numerosas tradições culturais regionais, dentre as quais o helenismo era apenas o elemento mais visível, por ser o preponderante. As descrições geográficas do mundo habitado começavam em geral pela Península Ibérica e terminavam pela África do Norte, girando ao redor do Mediterrâneo em sentido horário. Seguindo esse esquema, deixando à parte as penínsulas grega e itálica, percorre-se inicialmente a área ibérica, seguida pela área céltica, que mais adiante vai se misturando de forma mais ou menos indistinta com os territórios ocupados pelos povos germânicos, depois a área danubiana e balcânica dos ilírios[17] e dos trácio-getas[18], a área anatólia[19] helenizada da Ásia Menor, com populações mescladas e línguas vernáculas variadas (cario, lídio, frígio, armênio, capadócio, gálata etc.), sem esquecer a presença de iranianos e persas, a área semítica (sírios, judeus, árabes) – domínio do aramaico, que preponderava sobre o hebraico –, depois o Egito, que os antigos situavam na Ásia, terminando pela África do Nor-

17. Povo indo-europeu, habitante da costa balcânica do mar Adriático. Considerados rapinantes e selvagens, mantinham guerras constantes com os macedônios. (N.T.)
18. Trácios: povo indo-europeu, associado aos leleges, os antepassados dos helenos ou gregos; habitavam ao norte da Grécia. Getas: povo indo-europeu, chamado de citas, germânicos de origem, estabelecidos nos Bálcãs e ao redor do Danúbio por volta de 1.000 a.C. Trácio-getas: nome genérico atribuído a confederações desses povos, que alternadamente submeteram os dácios e foram por eles submetidos. (N.T.)
19. Região da Ásia Menor, hoje Turquia, cujo território variou muito ao longo do tempo. O nome significa "oriente" ou "nascer do sol" e foi aplicado pelos antigos helenos. (N.T.)

te, povoada por líbio-bérberes, como os númidas[20], mauros (mouros) e púnicos.[21] Cartago, no período de sua maior expansão, tinha alargado sua zona de influência para o Oeste, até o oceano Atlântico. A velha colônia fenícia, que acabara por se transformar em um estado helenístico, também servira como retransmissora desse helenismo, cuja permanência na região foi sem dúvida mais profunda e mais longa do que se admitia. Quando Augusto ascendeu ao poder, o mapa provincial do mundo romano não se sobrepunha a qualquer zona que pudesse ser identificada por critérios econômicos, sócio-culturais ou étnicos. Em sua periferia, culturas diferentes se acotovelavam por toda a parte, sem o menor respeito pelas linhas oficiais de demarcação política. Os próprios romanos sincretizavam um ideal de humanidade herdado das fontes mais variadas. Eles tinham consciência de que os gregos, mas igualmente os celtas, os púnicos, os iberos, os egípcios e os povos semitas, por mais bárbaros que fossem a seus olhos, partilhavam com eles heranças e tradições que era preciso respeitar. Esse sentimento não deve ser considerado contraditório às declarações depreciativas que afirmavam a superioridade romana e eram ressentidas pelos conquistados.

As múltiplas comunidades agrupadas sob a bandeira de Roma eram herdeiras de formas de organização extremamente heterogêneas. As longas dinastias dos monarcas helenísticos ou o regime aristocrático de Cartago não tinham sobrevivido às vitórias romanas. Contudo, os reinos menores, aceitos como aliados ou clientes de Roma, as pequenas possessões dos príncipes locais, os povos semitribais dirigidos por aristocracias de guerreiros e as tribos ou federações

---

20. Povo asiânico do norte da África, descrito como de pele, olhos e cabelos claros, aparentados aos líbios, antepassados dos atuais bérberes. Seu rei, Narr'Havas, foi aliado dos cartagineses nas Guerras Púnicas. (N.T.)

21. Povo semita do norte da África, descendentes dos cartagineses [ou punos]. Após a destruição de Cartago e de suas outras cidades, os sobreviventes formaram tribos no interior do país, sendo progressivamente absorvidos pelos romanos. (N.T.)

étnicas residentes nas margens do Império tinham podido preservar um certo grau de autonomia ou receber uma liberdade limitada depois da queda dos reis ou dos senhores locais a quem estavam anteriormente submetidos. As cidades gregas ou os territórios cartagineses não sofreram qualquer solução de continuidade, mas simplesmente iniciaram novas fases de suas histórias, sob a tutela da potência vitoriosa. Augusto, prolongando a política inaugurada por Júlio César, encorajou uma organização local alicerçada nos antigos modelos administrativos das cidades e simplificou as numerosas categorias que haviam nascido ao sabor das circunstâncias durante as conquistas da República. A instalação nas províncias de cidades coloniais, fundadas e parcialmente habitadas pelos veteranos das legiões recompensados com terras, servia de modelo para as comunidades étnicas locais. Eram as atitudes assumidas pelos povos ou comunidades durante as guerras que decidiam o seu reconhecimento ou o seu puro e simples desaparecimento, fosse por fusão com outros povos, fosse pela transferência de pequenos grupos para outras cidades. Nos setores considerados hostis, por causa do clima, do relevo ou da rusticidade dos costumes, as populações montanhesas ou aquelas que adotavam hábitos muito diferentes dos que predominavam no mundo mediterrâneo eram objeto de um controle permanente. Em geral, só surgiam dificuldades com grupos anteriormente nômades, insatisfeitos com a vida sedentária, ou com tribos recentemente instaladas nesses territórios. As migrações foram um fenômeno constante em toda a história do Império e determinavam intervenções militares ao lado de regiões pacíficas, seja na Britânia, na Germânia, ao longo do Danúbio ou nos confins dos desertos orientais, egípcios e africanos. A África do Norte permaneceu como uma terra de expansão de conquistas até a época das crises militares e políticas do século III de nossa era.

O vocabulário romano utilizava as palavras *natio* ou *gens* para designar as populações estranhas à sua organização em cidades. Ambos os termos expressavam a idéia da preponderância das ligações familiares e da parentela sobre outras formas de relações sociais. *Natio* significava o grupo a que se pertencia por nascimento, ao mesmo tempo que o lugar desse nascimento. O termo *gens*, que pode ser derivado do grego *genos*, correspondia a uma conotação mais social, derivada do reconhecimento de uma filiação remota de um ancestral comum, que podia ser real ou fictícia, mas era aceita por todos sem discussão. Eram esses laços de sangue verdadeiros ou imaginários que garantiam a existência de ligações duráveis. O sistema familiar integrava todos os laços de parentesco, mesmo distantes, tanto da linha paterna como da materna, com o acréscimo das alianças matrimoniais de caráter exogâmico. Os agnatos representavam somente a linha paterna; os cognatos, a parentela de ambos os lados. A filiação matrilinear ou transmissão pelo grupo consangüíneo da mãe servia para favorecer a construção de "linhagens" numerosas, capazes de se perpetuar muito além das famílias biológicas ou mesmo humanas. A documentação da época imperial romana menciona a permanência dessas formas de estruturação social. As cognações evocadoras de famílias extensas ou de ascendência divina são mencionadas em muitos documentos, particularmente na Península Ibérica ou entre os povos celtas. As realidades sociais e territoriais complexas de uma província romana nos revelam que se aceitava não somente a existência de parentescos homogêneos, por descendência, como freqüentemente os derivados da área de residência. Porém as cognações mencionadas nas inscrições parecem aludir mais exatamente a um parentesco transmitido por consangüinidade étnica e não pelo contexto de uma organização cívica ou regional. Ainda que bilineares, essas parentelas enfatizavam indubitavelmente as linhagens paternas e revelam as recitações genealógicas individualmente proclamadas. Esses grupos familiares extensos favoreciam a formação de pactos de hospitalidade mútua, e sua renovação ao longo dos séculos enfatizava as vantagens sociais dos aparentados. Um elemento de prestígio e de poder, o recurso às récitas genealógicas ou gentilidades facilitava a inserção dos candidatos nas estratégias da evolução política, da distribuição de justiça ou de proteções e até mesmo na iniciação nos cultos ou no acesso ao sacerdócio.

Lentamente, a mobilidade territorial, as miscigenações e as inovações resultantes da integração deliberada das populações conquistadas dentro do mundo romano criaram condições para a adoção progressiva dos costumes romanos, mesmo entre os povos mais aferrados à sua identidade, ainda que estes tivessem liberdade para não renunciar a ela. A referência ao parentesco refletia a força derivada de uma estrutura que indicava o grupo a que pertencia o indivíduo, que lhe dava acesso a solidariedades e cujo desaparecimento não era pretendido por ninguém, mesmo nos casos de adoção de outras formas de organização e de relacionamentos. Não obstante, essas comunidades étnicas já eram miscigenadas antes mesmo de sua conquista. É inegável que o Império Romano tenha sido constituído por um aglomerado de povos heterogêneos. Todavia fazer uma idéia, mesmo aproximada, de quais tenham sido essas realidades demográficas já é um empreendimento muito mais delicado.

2. **Numerações: cálculos e "descálculos"** – Opõem-se neste sentido duas vertentes principais: os minimalistas e os maximalistas. Ambas as linhas de raciocínio se fundamentam em argumentações indiretas a partir de indicações bastante fracas. C. Jullian estimou a população total da Gália em cerca de 20 milhões durante o século I, o que corresponde à da França do século XVII. Uma reação excessiva limitou esse número a 6, no máximo a 8 milhões. Algumas vezes, nos sentimos tentados a propor de 10 a 12 milhões. As opiniões dependem da idéia que se faz dos recursos, do regime alimentar, dos meios de armazenamento, da higiene, dos cuidados médicos, da prosperidade regional e seus fatores, das taxas de renovação das gerações e da fecundidade das mulheres, da mortalidade infantil, da pirâmide das faixas etárias etc. Mesmo assim, seria prudente não adotar qualquer modelo demográfico que se aplicasse à totalidade do Império de Roma. O mundo romano não era um Estado em vias

de desenvolvimento, nem tampouco poderia ser comparado ao reino da França na época de Luís XIV. Ao invés disso, obedecia a mecanismos de regulamentação próprios, que são sugeridos pelos conhecimentos que possuímos sobre o consumo alimentar na *Urbs* ou nas províncias. Convém evitar as armadilhas atraentes de quaisquer estereótipos, por mais pitorescos ou artisticamente elaborados pelos moralistas – sempre prontos a denegrir uma realidade que eles próprios dificilmente suportariam. Além disso, os dados que possuímos sobre o desenvolvimento urbano e a prosperidade aparente dos dois primeiros séculos do Império não poderiam garantir que tivesse havido um crescimento generalizado e sustentável das populações durante esse período, seguido, durante o período seguinte, por uma depressão demográfica de origem epidemiológica, agravada pelo surgimento de guerras no período imediato, em que a recuperação populacional poderia ter ocorrido (E. Lo Cascio).

Quer se estabeleça uma média de idade a partir dos epitáfios ou que se calcule um resultado através da hipótese da expectativa de vida correspondente a um dado momento em que 50% + 1 de uma geração tenha cessado de viver, os cálculos propostos de 22 a trinta anos de duração média de vida não são confiáveis. A "tabela de sobrevivência" de Ulpiano nos autoriza a tentar uma outra abordagem. A expectativa de vida deve ser modificada gradativamente de acordo com a faixa etária atingida pelos indivíduos, o que significa que, por ocasião do nascimento, podia-se esperar que um homem não excedesse 20,4 anos e uma mulher 22,5, mas à medida que se iam sendo atingidas as dezenas, as perspectivas se modificavam sensivelmente. Aos trinta anos, um homem podia esperar ter ainda 23,9 anos pela frente e uma mulher 26,1. Quanto mais se avançava em idade, tanto mais as chances de envelhecer cresciam, 6% por faixa etária até atingir os sessenta anos. Deixando de lado a mortalidade infantil, sem dúvida extremamente elevada, nota-se que entre os quarenta e os cinqüenta anos havia uma passagem difícil de franquear. Finalmente, apesar de uma reversão das tendências de sobrevivência entre homens e mulheres, desfavorável a estas no início, por causa das mortes no berço, voltando-se em seu favor ao longo das décadas da vida, esta inversão não chega a ser espetacular: entre os indivíduos que chegavam aos cinqüenta anos, a expectativa de sobrevivência era a de que três mulheres chegassem aos noventa anos em comparação com cada homem. A posição social também precisa ser considerada. Aparentemente, os membros da classe senatorial, ainda que teoricamente vivessem por mais tempo em função de suas condições materiais mais favoráveis, não eram poupados de falecimentos precoces. As fadigas profissionais e as pressões da vida urbana podem servir como explicação parcial para esse fenômeno. Já os escravos, que custavam caro, eram mais bem atendidos e alimentados, o que lhes conferia uma expectativa de vida bastante superior àquela que os cidadãos pobres poderiam esperar.

A cidade de Roma revelava a precariedade das condições individuais mais do que outras cidades, mas a vida urbana oferecia, sem a menor dúvida, uma possibilidade de sobrevivência maior do que a das zonas rurais. O poeta Horácio assinala as febres (provocadas pelo tifo) no outono, a que se acrescentavam as epidemias de malária no final do verão. O inverno era a estação mais salubre. O ano apresentava, portanto, picos de mortalidade. As constantes moléstias endêmicas – como a cólera, as desinterias, o carbúnculo, o tétano e a varíola – dizimavam as populações bem mais do que a peste bubônica, que surgia em surtos irregulares, como nos anos de 165 e 189. Somos levados a pensar que a medicina era bem mais avançada do que se costuma afirmar com tanta freqüência, como ilustram as escavações em que se encontram restos de cataplasmas herbáceos, filtros medicinais ou receitas contra moléstias oculares, além da presença de médicos militares estabelecidos na cidade, uma peculiaridade de Roma, segundo estudo da obra de Galiano (129[130]-200), que descreve as práticas médicas na *Urbs*. A cirurgia era praticada com freqüência, e as cidades provinciais mantinham médicos oficiais, o que não excluía o exercício privado da profissão por outros praticantes. Os imperadores e os patrícios recorriam aos serviços de profissionais de sua escolha. Já os moradores de zonas rurais davam preferência à consulta de curandeiros. Mesmo para os menos abastados, a nutrição era baseada no consumo de cereais, ainda que não se limitasse a eles. A carne permanecia um prato de dias de festa para a grande maioria, mas seu consumo era muito menos raro do que se acreditava. Frutas, legumes e frutos do mar complementavam a alimentação, de acordo com os recursos locais. Nesse sentido, o exército era privilegiado. As escavações de sítios de acampamentos militares permanentes revelam uma real diversidade nos tipos de alimentos consumidos.

Entretanto, os parâmetros a considerar são demasiado numerosos, dependendo das épocas e dos lugares, para que se possa afirmar com certa segurança quais tenham sido as estruturas e os movimentos demográficos. Nenhuma base de cálculo pode ser satisfatória. A probabilidade mais verossímil é a de um algarismo qualquer entre 60 e 100 milhões de habitantes durante o século II. Nesse sentido, os 80 milhões sugeridos no título do capítulo nos dão simplesmente uma ordem de grandeza com a qual podemos começar a trabalhar, levando em consideração os dados numéricos irregulares que são conhecidos, o número das cidades e as condições climáticas bastante favoráveis no período, sendo a própria cidade de Roma considerada um caso à parte. Pode-se afirmar que as províncias do norte da África gozaram de forte expansão demográfica durante os séculos I e II de nossa era, mas esse não foi o caso da Grécia, cuja população já se encontrava estagnada desde antes de sua absorção pelo Império, que provavelmente sofreu um decréscimo. A Gália e a Península Ibérica, todavia, dão a impressão de uma conjuntura favorável ao crescimento da população, se pudermos crer na interpretação atual dos resultados das escavações.

3. **Classificações sociais** – As dezenas de milhares de epitáfios encontrados por toda a região que pertencia ao Im-

pério, juntamente com os escritos de Cícero e dos juristas, mostram que a família nuclear era generalizada na época imperial. O casamento legal (as "justas bodas") fundava a célula familiar e a autoridade paterna (ou *patria potestas*) sobre os filhos, que somente a emancipação ou a morte do pai poderia legalmente abolir. A presença universal de cidadãos romanos nos territórios controlados por Roma e a extensão no Ocidente do direito latino, ainda que o direito grego predominasse no Oriente, auxiliavam uma organização familiar embasada na sucessão de pais e filhos, embora muitos povos do Império, entre eles os judeus, continuassem a praticar a poligamia. A finalidade das uniões, além da procriação, era a transmissão regular do patrimônio. A família assim definida se inseria em um sistema de parentesco bilateral ou cognático. Apesar das reformas jurídicas que foram sendo instauradas a partir de Augusto, as mulheres e as filhas permaneciam inferiores aos maridos e aos próprios filhos, não somente porque não estavam autorizadas a participar do plano de carreira das magistraturas a serviço da comunidade, como também porque não gozavam dos mesmos direitos em matéria de sucessão. Somente as viúvas, ainda que permanecessem sob responsabilidade de um tutor (muitas vezes mais jovem), tinham a liberdade de fazer o testamento, porque elas constituíam, nesse caso, o elo essencial entre as gerações para a indispensável transmissão dos bens. Tanto as filhas como os filhos, contudo, tinham o direito legal de contestar um testamento paterno ou materno considerado iníquo, isto é, injusto. Do mesmo modo que os adjetivos ou superlativos afetuosos dos epitáfios não nos dizem nada sobre a aceitação real da autoridade paterna, tampouco existem elementos que apóiem a idéia de uma modificação sensível nas relações familiares e de afetividade a partir do século I. A *fides* (a confiança ou o crédito depositado) e o dever, segundo parece, são sempre os fatores predominantes nos relacionamentos. A extensa prática do concubinato também é um elemento que deve ser levado em consideração. Dependendo da personalidade individual e da classe a que pertenciam, mesmo que não pudessem participar oficialmente da posição imperial ou senatorial, as mulheres exerciam uma influência muito superior àquela que poderia ser imaginada em função de sua condição social.

O conceito de *família*, em seu sentido original, não designava a célula familiar [*gens*], mas o conjunto dos moradores de uma unidade em que o "fâmulo" era um empregado doméstico livre, em oposição aos escravos. A escravatura foi praticada desde os tempos mais remotos dos reis, mas seu desenvolvimento em grande escala foi conseqüência das guerras de conquista do final da República. Esse fenômeno, igualmente difundido no mundo grego, concentrava-se principalmente na Itália. Durante o Império, na Gália, na África ou na Ásia Menor, entre outras províncias, supõe-se que os escravos tenham sido proporcionalmente menos numerosos; todavia, os setores provinciais periféricos também se dedicavam ao escravagismo e formavam reservatórios destinados ao aprovisionamento do centro. O escravo romano poderia ser alforriado dentro de formas prescritas, necessárias para a aquisição legal da liberdade. O liberto, herdeiro da condição jurídica de seu antigo amo, permanecia sob a dependência de seu patrono, salvo decisão expressa da parte deste. A plena liberdade, denominada de "ingenuidade", só era acessível às crianças. Era o gozo da liberdade pessoal ou sua ausência que estabelecia as grandes divisões dentro do conjunto do corpo social. A condição política vinha em segundo lugar para determinar essas divisões: a posse da cidadania romana foi considerada um grande privilégio durante o século I, e grande número de pessoas aspirava a ela, sem conseguir obtê-la. O nível de fortuna, materializado pelo "recenseamento", ou seja, o reconhecimento da posse de propriedades rurais ou de bens imóveis urbanos, fundamentava a classificação social dos cidadãos, que deveriam ser obrigatoriamente livres. Acrescentavam-se aqui certos critérios de dignidade e de moralidade que poderiam contrariar a hierarquia das fortunas. A partir de Augusto, a classificação se referia ao conjunto dos territórios e das comunidades do Império; no pináculo, encontravam-se aqueles que podiam tomar assento no Senado e suas famílias, constituindo a ordem senatorial hereditária; a seguir, vinham os cavaleiros, isto é, os membros da ordem eqüestre, beneficiários de uma nomeação imperial de caráter pessoal e intransferível (embora o filho de um cavaleiro tivesse possibilidades bastante boas de ser igualmente nomeado para essa condição). Uma superioridade social importante distanciava essas duas ordens das camadas plebéias, embora a plebe de Roma gozasse de muitos privilégios que não eram concedidos à plebe provinciana. Mesmo entre os plebeus, as desigualdades eram muito grandes. Porém, os mais pobres não eram mais protegidos do que os outros, nem tinham posições prioritárias nas listas de distribuição de alimentos ou de demais direitos adquiridos. As vantagens concedidas pelo Estado em termos de nutrição e de acesso gratuito a festividades se dirigiam à totalidade dos habitantes da *Urbs*: isso era considerado uma questão de dignidade para os descendentes de conquistadores. Falava-se freqüentemente do "trigo político". Dentro desse sistema firmemente estabelecido, os estrangeiros ou os viajantes provenientes das províncias eram considerados, de fato e de direito, como inferiores, qualquer que fosse sua riqueza ou sua cultura.

Sem a posse da terra, não havia prestígio social. Sem patrimônio nem ancestralidade, não havia nobreza. O valor dos antepassados e a glória obtida por atos heróicos ou atividades políticas destacadas espalhavam honras sobre a comunidade inteira e nutriam o prestígio de uma linhagem, ou melhor, de uma parentela. No *atrium* de toda *domus* nobre eram colocados armários que guardavam os bustos (*imagines*) dos antepassados, algumas vezes dispostos sobre pequenas colunas, além de árvores genealógicas ornadas de guirlandas (*stemmata*) presas por cavilhas de madeira ou cravos de bronze e destinadas a honrar a memória da família. A participação da classe senatorial nas atividades públicas a serviço da cidade era essencial. Como tais atividades não eram remuneradas, era a fortuna pessoal que permitia ao senador manter sua posição social e se consagrar às magistraturas, com atividades parcialmente financiadas pelo patrimônio dos titulares, bem como aos comandos militares e às funções administrativas romanas e provinciais. Nem todos os titulares da ordem senatorial (600 senadores, no máximo, e 2 a 3 mil membros de suas famílias) eram considerados nobres: o consulado tinha um papel decisivo na definição de nobreza, o que significava que apenas cerca de 10% dos senadores possuíam, ou adquiriam mediante promoção imperial, a honra de ter seus nomes inscritos em um álbum, em que eram qualificados como "patrícios" (pais da pátria), uma posição acima de tudo honorífica. Para poder pertencer a essa ordem tão esplêndida era necessário preencher certas condições características distintas: a determinação, mediante um recenseamento, de dispor de no mínimo 1 milhão de sestércios, ou então a posse de 250 hectares de terras; era isso que lhes permitia o uso do "laticlavo", uma faixa larga de púrpura perto da barra da túnica e sandálias vermelhas com fivelas douradas, em forma de lua crescente, ou *lúnula*; a partir de Adriano, ostentavam o título de "preclaro" (claríssimo), mais tarde estendido aos filhos e às esposas por Marco Aurélio, como um símbolo de consolidação da sociedade imperial. Lentamente, mas com regularidade crescente, essas elites passaram a ser recrutadas entre cidadãos das províncias, primeiro espanhóis e narbonenses gauleses[22], durante o século I, depois africanos e orientais, formando o núcleo essencial dos novos participantes da dignidade senatorial no decorrer do século II. Essa evolução explica porque Trajano tornou obrigatório para os senadores um domicílio romano e a posse de um terço de seus bens na Itália. As estratégias familiares alicerçadas sobre as alianças matrimoniais e as adoções decidiam sobre a longevidade das casas nobres no proscênio do teatro social.

22. Habitantes da Gália Narbonense, província romana constituída por Augusto em 27 a.C, no sul da França, abrangendo as tribos gaulesas dos convênios e dos hélvios, uma das mais prósperas do Império. (N.T.)

Os cavaleiros romanos, portadores do título de *Eques Romanus*, constituíam uma ordem ainda mais heterogênea que a ordem senatorial, em função de sua origem geográfica (de 20 a 30 mil pessoas), riqueza, prestígio e influência. O recenseamento mínimo exigido era de 400 mil sestércios. Uma poderosa elite eqüestre, não necessariamente originária de Roma, podia ser considerada em um patamar igual ao dos senadores. A participação na ordem eqüestre era assinalada pelo uso do "angusticlavo", ou faixa de púrpura estreita junto à barra da túnica; pela "trabéia", ou toga ornada de diversas faixas de púrpura, que era usada por ocasião das grandes cerimônias (recenseamentos, participação em desfiles de 15 de julho – aniversário da morte de Júlio César – para aqueles que tinham menos de 35 anos, funerais imperiais); por um anel de ouro e pela "proedria", o direito de ocupar os assentos das catorze primeiras filas nos teatros, logo atrás dos senadores. No século II, os títulos de *egregius* ("notável", "perfeitíssimo" ou "eminentíssimo") recompensavam os méritos dos procuradores e prefeitos. Era passando por suas fileiras que se buscava a ascensão ao Senado, menos para si próprios do que como intermediários de seus filhos; os detentores desses cargos recebiam o direito de usar a laticlave, sinal de integração na ordem senatorial, a partir do governo de Calígula. A admissão direta dos que haviam exercido as antigas magistraturas de questores, tribunos ou pretores (a *adlectio*) era um segundo meio empregado pelos imperadores perpetuar as famílias senatoriais, que freqüentemente se extinguiam, por um motivo ou outro. Parece que até mesmo descendentes de escravos e libertos conseguiram alçar-se diretamente às ordens superiores, embora apenas em caráter ocasional. Porém isso só ocorria em situações excepcionais: ordinariamente, eram necessárias muitas gerações para a ascensão das famílias de libertos, o tempo necessário para se fazer esquecer, caso isso fosse possível, a mácula de sua condição servil original. O enriquecimento dos libertos, por meio do comércio e câmbio de valores, sugere que o ganho rápido não era condenado senão em razão de seu caráter aleatório e dos freqüentes revezes de fortuna que provocava. Sob condição de permanecer uma atividade transitória a serviço de ambições nobres ou da conservação dos requisitos financeiros de sua posição social, a especulação e o empréstimo por usura não chegavam a ser totalmente desdenhados pelas classes senatoriais e eqüestres.

A diferenciação não oficial, durante o Império, entre os romanos de Roma e da Itália e os cidadãos provincianos foi sendo acentuada com o decorrer do tempo, e os imperadores jogaram com esse fator de acordo com as circunstâncias e a estima que dedicavam aos membros desta ou daquela família eminente. O poeta Marcial, referindo-se à tabela de promoções claudiana, sugere que a concorrência dos provincianos era percebida algumas vezes como uma afronta a direitos imprescritíveis. A posse de saber ou de cultura notáveis não servia para apagar o defeito de uma inferioridade social confirmada. Contudo os arquitetos, artistas, pintores, filósofos, poetas e retóricos podiam, pelo menos, fazer brilhar seus talentos até na Corte Imperial; todavia, por maiores que fossem suas capacidades, o caminho do poder não lhes estava aberto. O código social registrava igualmente uma separação definida entre o citadino e o rural, conforme demonstram certas definições legais ainda no século III. O mundo dos camponeses, embora compusesse de 70% a 80% da população do Império, passava por grosseiro e bárbaro, ignorante e imprevisível. A cidade era o modelo da vida civilizada, da educação e da doçura de viver. No entanto a questão dependia sobretudo da localização das propriedades rurais. Plínio, o Jovem, recorda que o campo era um lugar de estadia propício ao *otium* (lazer e repouso), para quem sabia levar até ele os confortos e comodidades da vida urbana. A forma de raciocínio da aristocracia desprezava as atividades exercidas e não os ambientes em que se realizavam. O trabalho penoso dos agricultores era considerado como adequado só para os escravos. A complementaridade entre a cidade e o campo era naturalmente demonstrada pela maneira como viviam os grandes proprietários de latifúndios. Ao mesmo tempo, a sociedade do Império Romano não possuía uma visão estruturada da população ativa e das categorias sócio-profissionais. Os ofícios, mesmo sendo atividades concretas inscritas em uma cadeia organizada de divisão de tarefas, não possuíam uma verdadeira continuidade familiar. Os artesãos somente saíam do anonimato quando possuíam uma qualificação especializada de caráter excepcional e, mesmo assim, esse relativo prestígio era de duração indeterminada.

A maioria da população tinha horizontes limitados, mas se encontrava inserida em uma rede complicada de relacionamentos múltiplos, embora não codificados de forma estrita, que determinavam sua posição social. Porém os bairros, a vizinhança, os colégios e associações de caráter religioso ou étnico teciam uma trama de solidariedades, competições e superposições violentas de proteção mútua que chegavam a despertar o temor nos poderosos. Entretanto, era a busca de patronos e de protetores que constituía a arma mais eficaz contra o isolamento. As principais vantagens do protetor eram a glória e o prestígio obtidos pela ostentação de uma numerosa clientela. Esses relacionamentos, buscados e valorizados pelos dois lados, constituíam um traço cultural profundamente ancorado nas tradições sociais dos romanos. Não se poderia citar um sistema de poder político mais temeroso das reações provocadas em favor de um patrono demasiado popular. Contudo este não agia por caridade, nem por solidariedade para com os doentes e miseráveis. Ele manifestava sua benevolência e generosidade para aqueles que sabia merecedores e que poderiam de algum modo retribuir seus favores em caso de necessidade. Não havia qualquer obrigação legal para se escolher um patrono ou para se aceitar um cliente. A noção da *fides*, tomada de empréstimo do vocabulário dos contratos, estava no coração desses laços de clientela, que não eram em absoluto hereditários. A saudação matinal, recompensada por uma "espórtula" (em moeda), era o ritual visível que manifestava a condição de protetor. Entretanto nem todos os clientes se apresentavam de modo cotidiano, porque nada impedia que se ligassem a patronatos múltiplos. Todavia o poder de império permitiu que essas práticas fossem regularizadas e controladas. Quando o imperador não confiscava uma clientela em interesse próprio, apesar de depoimentos em contrário, ele recebia certos patronos como seus próprios clientes, de modo a se demonstrar como o garantidor supremo da instituição do patronato. Os exemplos observados no comportamento da autoridade suprema serviam como modelos para os relacionamentos formados em todos os níveis da sociedade. Até mesmo os colégios de funcionários ou sacerdotes, as corporações de ofícios, as cidades ou as aldeias adotavam esse modo de relacionamento, cuja preservação da justiça era uma das razões de ser, embora existissem outras.

Uma organização política e social assim estruturada não significou todavia que tivesse sido instalado um sistema de supervisão detalhista e opressor. Em seu conjunto, o Império deve ser considerado principalmente como uma época favorável à liberdade de comércio e à sua expansão.

II. Um império mundial

Dentro de uma perspectiva moderna, uma construção política do tamanho do Império Romano ofereceria um mercado imenso e organizado. Por vezes, alguns se baseiam no discurso *"Em honra de Roma"*, do retórico grego Élio Aristides, estabelecido na Ásia durante o século II, para insistir sobre esse ponto, na medida em que a capital do Império é considerada como o centro das trocas comerciais e o lugar de convergência de todos os bens que eram produzidos na terra habitada. Em troca desse suprimento constante, a cidade garantia a prosperidade do vasto conjunto territorial. Entretanto, esse ponto de vista baseia-se principalmente na projeção global de uma série de conceitos recentes, tais como "economia de mercado", "capitalismo", "regionalização econômica" ou "estatização", cuja validade não pode ser aplicada na interpretação dos fenômenos econômicos que ocorriam dentro dos limites do Império. O estudo cuidadoso das realidades deve preponderar sobre os conceitos ideológicos. Mesmo que tenha havido uma evolução progressiva da economia imperial, deve ser ressaltada a influência dos contextos locais, que não pode ser negligenciada. Duas fases são facilmente distinguíveis em escala imperial: a primeira vai de Augusto a Marco Aurélio, caracterizada por uma prosperidade geral; a outra vai do fim do governo dos Severos até Diocleciano e é assinalada por crises econômicas repetidas e profundas. Entre as duas, um ciclo de transição mais ou menos definido, conforme o ponto de vista adotado, alterna conjunturas favoráveis e dificuldades mais ou menos bem superadas. Porém em nenhum momento se pode falar efetivamente de um declínio irremediável.

1. **Liberdade e controle** – A presença de um centro romano constituído por uma aglomeração de milhões de pessoas e dependente das províncias para sua manutenção e para o atendimento das necessidades e desejos de seus habitantes chama a atenção dos estudiosos desde o começo do Império. O geógrafo Estrabão não se esquece nunca de destacar o valor e interesse dos produtos locais de cada região para os romanos da cidade. Um segundo parâmetro era definido pelo próprio imperador, que era, ao mesmo tempo, o consumidor de recursos excepcionais e o senhor de grandes propriedades rurais, provedor e responsável pelos aprovisionamentos urbanos. Por outro lado, as políticas econômicas dos césares eram de dimensão limitada e não conservavam qualquer continuidade, exceto quando estabeleciam certos mecanismos de intervenção política em conseqüência da alta de preços e dos efeitos das flutuações monetárias, o que tende a confirmar a idéia de que havia um grande descontrole das atividades econômicas e da riqueza, espalhadas de forma irregular de acordo com a região. Já a coleta dos impostos e o valor da moeda derivavam de práticas universalmente difundidas, mas sua utilização e as conseqüências que dela decorriam variavam muito de uma região para outra. A busca de uma geografia econômica do Império se encontra novamente na ordem do

dia, sendo o objeto de grande número de pesquisas recentes, medidas por uma atividade redobrada dos arqueólogos. Estes não se contentam mais com listas regionais de produtos ou relações de ambientes habitados, mas procuram estabelecer balanços embasados nos relacionamentos existentes entre Roma e suas províncias e na possibilidade crescente de que houvesse "desenvolvimentos" deliberados de determinadas culturas nas zonas periféricas.

As trocas e o comércio se achavam no centro do desenvolvimento da economia. O sistema monetário fundamentado sobre o trimetalismo (ouro, prata e uma liga de bronze de alto teor de cobre) tinha curso por toda parte e podia ser adaptado às unidades monetárias locais quando estas sobreviviam, como era o caso da dracma nas cidades gregas. O *aureus* – uma moeda de ouro com o valor de 25 denários (a moeda de prata padrão) ou 100 sestércios (de bronze) – era reservado para os pagamentos a destinatários prestigiosos ou para presentes e recompensas. O denário era utilizado para os salários dos soldados e dos funcionários e entrava nas transações julgadas honoríficas ou quantitativamente importantes. O sestércio, moeda corrente no valor de 4 asses, e o próprio asse facilitavam os pagamentos diários. O imposto direto de "repartição", composto por tributos sobre o solo ou por cabeça, era cobrado de todos os provincianos que não gozassem de cidadania ou que não tivessem sido isentos por algum outro motivo. Os cidadãos romanos só estavam realmente submetidos ao pagamento do vigésimo (5%) sobre a transmissão das heranças. No entanto havia também numerosos impostos indiretos, referentes a franquias, à venda de escravos, a direitos de alfândega – ou *portória* (2% a 2,5% sobre o valor das mercadorias) –, às vendas realizadas em leilões, às transferências de rebanhos (transumâncias) e às transmissões de bens em vida. O aparelho fiscal era baseado na cobrança monetária dos impostos e taxas, o que não impedia a conservação de entregas em espécie (*in natura*), como no caso das dízimas sobre as colheitas (pagas em sacas) ou do imposto sobre as tropas (mediante a entrega de cabeças de gado). O tesouro imperial coletava ainda receitas sobre as rendas patrimoniais dos bens de raiz, especialmente a produção das propriedades rurais, das minas e das pedreiras.

A circulação de pessoas e de mercadorias, cada vez mais intensa, incitava os empresários, produtores e artesãos a desenvolver suas atividades. Porém os atores mais influentes no mercado eram as elites sociais, os senadores e os cavaleiros –, não obstante os preconceitos de todos eles contra os negócios –, em concorrência com o dinamismo sem restrições de alguns libertos, sempre prontos a assumir riscos e a lucrar com as oportunidades. Freqüentemente era por meio desses intermediários, membros de sua *família*, que os senadores – cuja condição social, pelo menos em teoria, os impedia de se dedicar ao comércio e aos ofícios de administração de dinheiro – expandiam suas fontes de renda. Os banqueiros e os negociantes encontram-se entre os grupos mais bem estudados (J. Andreau). Os empréstimos a juros altos eram indispensáveis para a vida social: um nobre se tornava devedor porque preferia tomar dinheiro emprestado do que tocar em seu capital, a base de sua classificação social. As elites tampouco hesitavam em emprestar dinheiro, embora a juros superiores às taxas legais (de 6% a 12%). Os especialistas chamados *argentarii* se responsabilizavam pelo pagamento dos depósitos legais (mediante juros) e adiantavam dinheiro a crédito para as compras nos leilões; os *nummularii* faziam o câmbio de moedas e a verificação de sua qualidade; os *coactores* adiantavam pagamentos mediante uma comissão, e os *coactores argentarii* acumulavam as três atividades. Durante o Império, os *negotiatores* eram comerciantes atacadistas que forneciam empréstimos para as atividades marítimas, sob garantia de diferentes bens, entre eles as cargas. Todos esses homens de negócios mantinham estreitas ligações entre si, mas nunca chegaram a constituir em Roma qualquer grupo homogêneo de investidores à espreita dos menores sinais de crescimento ou de recessão das atividades econômicas. A *Urbs* certamente não tinha qualquer instituição que apresentasse a menor semelhança com a Bolsa de Londres, muito menos com a de Nova York. Contudo as transações comerciais se disseminaram cada vez mais sob os césares, passando muitas vezes para o controle de provincianos, o que não pode causar espanto, se recordarmos as medidas de recrutamento para as ordens senatorial e eqüestre e as medidas compensatórias tomadas pelos imperadores com vistas à conservação de seus efetivos.

Os césares tinham obrigações para com Roma e para com seus exércitos, aos quais não podiam deixar faltar nada. Além da Prefeitura da Anona, que podia contar com o trigo *in natura* cobrado a título fiscal e com as sobras dos domínios imperiais, o poder dispunha de meios variados para controlar os aprovisionamentos de caráter político. Eram feitas compras a um preço inferior ao do mercado, instituíam-se requisições de gêneros e os impostos pagos em espécie contribuíam para manter em funcionamento, pelo menos para os cereais e o azeite, um "mercado subvencionado" (A. Tchernia). Transportadores privados, os "naviculários", eram contratados a serviço do Estado por períodos de seis anos, em troca de privilégios e de isenções destinados a atraí-los. Os circuitos anonários de transporte de cereais ou os de intendência militar não impediam os comerciantes e transportadores contratados de aproveitar a ocasião para negociar seus próprios estoques. Sem nada produzir no setor de alimentos, a cidade de Roma não passava de um centro de consumo gigantesco (J.-P. Morel): mas as atividades de produção artesanal e de troca prosperavam na urbe, impulsionadas pela presença de uma população superabundante e subvencionada pelas despesas imperiais, pelos hábitos e pelos gostos da aristocracia senatorial e eqüestre. O centro romano tinha seguramente prioridade em caso de concorrência, e os servidores da casa imperial, ou os procuradores, se encontravam por toda parte, a fim de garantir-lhe a preferência. Os exércitos provinciais se reabasteciam localmente sempre que as condições climáticas o permitissem. O vinho e o azeite seguiam trajetos, em direção à cidade, que se fixaram com o tempo. Todavia, paralelamente surgiram circuitos indiferentes aos relacionamentos entre os centro e suas fontes, abastecendo outras áreas a partir de pólos que no princípio serviam unicamente para beneficiar o mercado oficial.

2. **Uma época de prosperidade** – Desde Augusto até a metade do século II, o progresso das atividades econômicas salta à vista em toda parte em que puderam ser feitas escavações. Os centros habitados se modificaram e multiplicaram, nasceram numerosas cidades ou as antigas se desenvolveram, foram erguidos monumentos para aumentar-lhes o prestígio, enquanto os objetos de uso comum, os artigos de luxo, o vasilhame e as embalagens evoluíram e sugeriram um desenvolvimento quantitativo e qualitativo das trocas e uma nova abertura para o mundo. A navegação marítima do Mediterrâneo desafiava as tempestades mais do que a ameaça dos piratas, enquanto o oceano era explorado por muitos viajantes e não somente pelos marinheiros mais audaciosos. As estradas terrestres, construídas principalmente para uso dos administradores e dos exércitos, com seus postos de guarda, tranqüilizavam os comerciantes e viajantes espreitados pelos salteadores nas antigas sendas; os rios grandes e pequenos acolhiam embarcações carregadas de mercadorias e de passageiros. Postos de vigilância ou de transmissão de notícias e estações de muda de cavalos, providas de albergues para os viandantes, facilitavam o deslocamento de cavaleiros e viaturas. O Império despachava para toda parte seus correios, apoiados, como os demais funcionários, por serviços de veículos de tração animal, organizados desde a época de Augusto. Por toda parte se construía, desmatava-se e semeavam-se novas plantações. A densidade de população dos campos aumentava, e o aumento das atividades agrárias era o verdadeiro motor do crescimento, graças à colheita dos produtos agrícolas, destinada em parte às populações urbanas. Surgiram melhoramentos técnicos na adubagem, nas ferramentas e nas formas de cultura. Os períodos de escassez não desapareceram completamente, mas se tornaram bem mais raros. Os artesãos e comerciantes passaram a ter

orgulho de suas profissões, e os ricos negociantes freqüentemente eram recebidos com agradecimentos e com honras pelas comunidades isoladas, reconhecidas pela função social de transporte de bens exercida por eles.

Na Itália e por todo o Ocidente, a estrutura dominante era a *villa*, centro de uma propriedade agrícola de dimensões variáveis (entre 30 e 300 hectares), proporcionais à riqueza do grupo social a que pertenciam seus proprietários. A regra era a policultura: cereais, olivais e vinhedos nas áreas mediterrâneas, substituídos por hortaliças e pomares em outras zonas, criação de caprinos, ovinos ou bovinos em vastas pastagens, entremeadas ocasionalmente por prados naturais, bosques ou cerrados. Essas explorações agrícolas tomaram sua verdadeira fisionomia dentro de um contexto definido por paisagens ordenadas de maneira diferente, conforme o relevo do terreno e o tamanho das propriedades. Podem ser levantadas interrogações sobre os efeitos de eventuais mudanças climáticas, mas essas foram pouco importantes durante o período, segundo parece. Mais evidentes são as revisões dos limites de propriedades, relativas à utilização e à influência dos tipos de cultura e de outras redes divisórias, marcadas geometricamente sobre o solo. As *villae* dependiam de uma lógica diferente daquela que havia presidido à constituição de espaços divididos regularmente em pequenas propriedades: as antigas localizações eram indiferentes às novas operações agrícolas em grande escala, que visavam acima de tudo a determinar os produtos mais adequados e aproveitar comodamente e com eficiência a situação geográfica das terras. Terraplenos, pântanos drenados, extensões adubadas propícias a cereais, beneficiamento dos fundos de vales com solos fracos, aproveitamento das bacias fluviais inundadas pelas enchentes; dos solos calcários pedregosos e secos propícios para a plantação de oliveiras; das colinas e outeiros ensolarados mais bem adequados para a viticultura de qualidade; das depressões em planaltos próprias para a criação de gado; tudo servia à engenhosidade dos agricultores: tanto grandes proprietários, que seguiam as orientações sobre agropecuária do tratadista Columela[23], como pequenos camponeses livres ou arrendatários, que seguiam as práticas passadas de pai para filho, ou ainda escravos sob as ordens de um intendente, ou *villicus*.

As províncias ocidentais mudaram seus hábitos muito mais do que as do Oriente, herdeiro das tradições gregas e helenísticas que foram compartilhadas com Roma. A província da África Proconsular e a província da Ásia, mas também a Bética espanhola e a Narbonesa francesa, certas zonas da Síria, o luxuriante vale do Nilo, comprimido entre dois desertos, e, de uma maneira mais geral, as férteis costas mediterrâneas, influenciadas por climas benéficos, eram os grandes provedores de alimentos. A riqueza agrícola, sinal visível de prosperidade, constituía um fermento para o conjunto das atividades. O vigor do artesanato e de fábricas de pequeno porte, embora de tipo industrial (J.-P. Morel), avançava par a par com uma economia rural florescente. Seria irreal querer medir o impacto econômico das explorações mineiras e pedreiras, em grande parte propriedades imperiais. Todas as regiões ou quase todas recebiam parte desse impacto, mas os ritmos de exploração variaram de acordo com as épocas e com os imperativos políticos ou públicos. A exploração do ferro, particularmente ativa na Gália, permanecia em suas condições originais, na medida em que as jazidas superficiais eram disseminadas e de teor desigual. Mesmo assim, a metalurgia alimentava um artesanato dinâmico. A partir do século II, as províncias orientais da Anatólia e da Síria manifestaram, juntamente com a África setentrional, uma grande vitalidade que convida a um maior interesse arqueológico sobre a pesquisa da economia dessas cidades provincianas, ainda pouco estudada.

23. Lúcio Júnio Moderato Columela, agrônomo romano do século I d.C., nascido em Cádiz, na Espanha. Sua obra principal, *De re rustici* [Sobre as coisas agrícolas ou "Da agricultura"] foi escrita em doze volumes. (N.T.)

3. **As crises do século III** – A função do Estado se encontra no centro das questões financeiras e monetárias e de seu estabelecimento em relação a uma visão global da economia do mundo romano: existiam políticas imperiais claras com relação a essa matéria? Os césares se contentavam com a busca da preservação dos interesses do Tesouro? Mesmo durante o período da maior prosperidade, houve dificuldades econômicas, breves em geral, mas sinais da fragilidade do sistema. A famosa crise do ano de 33 d.C., que refletiu o endividamento excessivo dos ricos proprietários, embora de alcance limitado e ocorrida em grande parte devido à psicologia dos atores, pouco inclinados a dispor de seu patrimônio, revelou-se através de movimentos simultâneos na baixa do preço das terras, acompanhada pela alta das rendas agrícolas e das taxas de juros (A. Tchernia). Plínio, o Velho, em sua condição de moralista hostil ao desenvolvimento do luxo da aristocracia romana, alarmou-se com as conseqüências do comércio com a Índia (perfumes, incenso, especiarias, sedas e pedras preciosas) e com a hemorragia de ouro que isso parecia provocar: a atração do dinheiro fácil fazia os senadores se arriscarem de maneira contrária à regra da estabilidade dos patrimônios fundiários, associada ao ideal de uma autarquia cívica. Nero foi o primeiro a desvalorizar as moedas de ouro e de prata para regulamentar um problema de desequilíbrio entre a receita e a despesa (J. Andreau). Domiciano, por meio de dois editos sobre a limitação dos vinhedos, ainda que não tenham sido aplicados, tinha por objetivo a disponibilização de novas terras para o plantio de cereais, com o qual concorria a viticultura. Quando Trajano impôs aos senadores investir um terço de seu capital na Itália, pensava sobretudo em salvaguardar o caráter romano-italiano do Senado. Porém, parece razoável concluir que os imperadores não suspenderam qualquer política econômica que estivesse sendo regularmente seguida e que apenas intervinham em resposta a situações de crise, com a intenção declarada de restabelecer o equilíbrio determinado pelas leis da natureza, qualquer que ele fosse. O Império Romano era uma unidade

econômica territorial, mas não havia nada que coordenasse uma organização racional do espaço econômico imperial. Os mecanismos observáveis eram dispostos arbitrariamente, muitas vezes sem a interferência do centro romano. No entanto nenhum sistema econômico liberal funciona sem um mínimo de organização técnica e administrativa.

Os eventos militares e políticos tiveram um lugar essencial. A partir de Marco Aurélio, o sentimento de uma ameaça grave vinda do outro lado do Danúbio ocasionou uma modificação do esquema estratégico. As retificações de fronteira do período severiano trouxeram o restabelecimento da confiança, mas somente a preço de decisões prenhes de conseqüências. Entre 250 e 274 d.C., a desvalorização generalizada do sistema monetário coincidiu com a sucessão ininterrupta de dificuldades militares em todos os setores fronteiriços do Império, e o ano da captura de Valeriano (260) deu o sinal para uma desagregação econômica irremediável, manifestada pelo desaparecimento do sestércio, enquanto no Oriente eram fechadas as antigas cunhagens de moeda local pelas cidades. A redução das trocas comerciais é um fato incontestável durante esse período, tanto por causa da deterioração das relações com o Império Persa e com as tribos germânicas livres como em razão do despedaçamento regional do Império Romano, induzido pelas guerras civis e crises políticas. Dentro de um concerto de desastres, o medo das usurpações provocou atitudes complacentes em demasia para com os soldados, que o ocupante do trono tentava adular e comprar, recompensar por sua lealdade, ou que, pelo menos, procurava não descontentar. Qualquer que fosse, a atitude predominante do Estado não foi radicalmente modificada: nem dirigismo, nem intervencionismo, nem política econômica de alcance geral emergiram nessa época de dúvidas e de resistências da parte do Império As reformas sucessivas tentadas pelos diferentes imperadores prepararam a obra de Diocleciano, ligada à tradição e à conservação do poderio de Roma. Sua salvaguarda e controle eram as palavras de ordem.

A segunda metade do século II anunciou uma reversão de tendências. A depreciação da moeda tornou-se ainda mais sensível, e o valor aquisitivo do denário começou a diminuir. A desvalorização efetuada por Sétimo Severo oficializou o fenômeno inflacionário mediante uma série de reduções que chegou finalmente a 50%, única forma de fazer frente ao aumento dos soldos e das demais despesas militares. Costuma-se chamar de *antonianus* (um termo que nunca foi encontrado nos textos da época) a nova peça de prata no valor de dois denários, atestada por uma coroa radiada e sem louros, cujo peso (e portanto seu valor metálico) era inferior ao seu valor nominal. Foi Caracala quem a criou, para garantir o pagamento do soldo aumentado de um quarto, em 215. Embora o aumento tivesse sido suspenso por Heliogábalo, foi novamente honrado durante o duplo reinado de Pupieno e Balbiano, em 238, como um meio necessário para a reconquista da boa vontade da soldadesca. Entretanto, foi só a partir do governo de Trajano Décio que o denário foi escasseando, e que a nova moeda passou a servir como padrão. A cunhagem de bronze tradicional desapareceu com Galiano (260), e o *antonianus* passou a conter cada vez menos prata (nas últimas emissões, apenas 2%), transformando-se em uma peça de bronze de má liga, com predominância de estanho e fraco teor de cobre. As cunhagens se multiplicavam, mas somente o ouro, em parte retirado de circulação e supervalorizado, resistia bem à contingência econômica. Aureliano, antes de Diocleciano, havia tentado uma reforma monetária, cuja novidade, sem a menor dúvida, era a fixação arbitrária do valor nominal de cada peça: o *aurelianus,* moeda cunhada inicialmente em alpaca (cobre e estanho com pequena proporção de prata), não inspirou confiança, e a retomada da cunhagem em ouro, mais favorável ao Estado, desvalorizou ainda mais o bronze e a prata aos olhos dos usuários. No Egito, foi em conseqüência da reforma de Aureliano, segundo parece, que os preços subiram às alturas; pelo menos as manipulações imperiais foram designadas como responsáveis. Na fase precedente, os preços, segundo se acredita, eram mais sensíveis às variações do valor facial das moedas. A estabilização do sistema monetário em torno de valores faciais aproximados ao valor metálico real das moedas era uma coisa, o controle dos preços e a coleta correspondente aos impostos era outra bem diferente. M. Corbier calculou, com uma precisão bastante aceitável, que a inflação ao longo do século III seguiu uma média anual de 3%, o que não excluiu alguns picos mais elevados. As moedas de cobre e de alpaca conservaram seu valor fiscal para as trocas cotidianas. É provável que setores de economia mais enfraquecida tenham passado por restrições de circulação, enquanto outros tenham sobrevivido por bastante tempo por meio do emprego de estoques de moedas mais antigas e menos desvalorizadas. Qualquer que tenha sido a situação, é muito arriscado especular sobre as conseqüências sociais seletivas da crise, do mesmo modo que é imprudente avaliar que tenha havido um declínio das cidades.

III. Cidades aos milhares

Se fosse necessário escolher um único aspecto, foi a extensão universal das cidades que caracterizou o Alto Império Romano. De uma ponta a outra do espaço imperial, o "império das cidades" surgiu à luz do dia. Comunidade local organizada sobre o modelo greco-romano da *polis* ou da *civitas*, essa unidade política de feição humana oferecia a cada habitante, ou a quase todos, um horizonte coletivo de identidade indispensável. Fora da cidade, não havia existência digna desse nome. O poder imperial só reconhecia seus representantes como interlocutores. Um ato solene iniciava-lhe a vida e lhe outorgava os "direitos de cidade" (os *iura*): uma autonomia institucional e jurídica fundamentada sobre regras precisas, mas também uma capacidade financeira e privilégios que a inseriam em uma relação de trocas com Roma e com as demais cidades. A política local desenvolvia por toda parte o espírito de emulação e o senso de interesse geral, contribuindo para inculcar o devido respeito às leis.

A comunidade cívica, dirigida por uma elite local, concentrava sobre si mesma o afeto, a confiança e a lealdade dos cidadãos.

1. **Categorias e liberdade** – Cada cidade era a priori única, o que destacava a fórmula provincial de estabelecimento de uma lista de comunidades, cada uma delas considerada detentora de relações bilaterais com Roma. O passado mais ou menos antigo, a história e a natureza dos relacionamentos com a conquistadora formavam outros tantos elementos capazes de informar sobre a categoria e o grau de liberdade usufruídos – em resumo, sobre sua situação política. Parece que Augusto teria suavizado as categorias jurídicas nascidas sob a República, embora sem lhes suprimir os privilégios anteriores, conforme demonstram os relatos de Plínio, o Velho. Fora da Itália, havia cidades de estrutura política diversa da constituição das cidades romanas: eram as assim chamadas "cidades peregrinas", dentre as quais algumas conservavam a qualidade de "cidade livre" e outras, no caso de um tratado firmado com o governo central, de "cidade federada". Eram os direitos latino (*ius Latii*, ou direito do *Latium*), e romano – este em uma etapa posterior – que graduavam as etapas da integração completa da cidade, que poderia ser considerada como uma simples comuna latina, aceder à condição de município ou tornar-se uma colônia. Ligado à concessão de cidadania romana desde o início, o município se expandiu no decorrer do século I de nossa era, sob a forma original de "município de direito latino", tal como nos deixam descobrir os regulamentos gravados em bronze que foram encontrados muito particularmente na Península Ibérica. Por sua parte, as chamadas "colônias latinas" já haviam cessado de ser fundadas, salvo raras exceções, desde o início do Império. Somente as "colônias romanas" continuaram a ser criadas ou promovidas. A hierarquia se havia invertido definitivamente sob a influência das guerras civis: o município passou doravante a apresentar uma condição política inferior à da colônia, cujo

título era o mais desejado, porque portador do "privilégio de liberdade" (F. Jacques) propriamente dito.

O Oriente já havia acolhido colônias sob César e sob Augusto, e os casos de promoção de cidades a essa condição são atestados ainda no século III em todo o conjunto do mundo romano. Por sua vez, o direito latino permaneceu ignorado nas províncias gregas e helenísticas, um fato que não pode ser descartado quando se analisa seu uso e sua significação. Roma deixou aos gregos a ilusão de liberdade plena, seja outorgando-lhes formalmente estatutos de cidades livres, seja respeitando a vontade popular no caso das *poleis* que preferiam permanecer como cidades peregrinas. A tradição da autonomia local era muito antiga nessas regiões, e as comunidades já eram providas das instituições e elites necessárias para seu bom funcionamento. A experiência política dos dirigentes, a estima muito elevada em que era tida a cultura grega, o fato de que Roma se tinha em conta de herdeira da civilização helenística contrabalançavam amplamente as reservas, as dúvidas ou até mesmo o desprezo que os responsáveis romanos poderiam experimentar em relação àqueles contemporâneos que eles encaravam como pouco dignos dos atores da época gloriosa de seus grandes antepassados. Já a Ásia não era a velha Grécia pois numerosas cidades da Anatólia conheceram um dinamismo novo, acompanhado, em algumas delas, por uma prosperidade tão elevada que chegava a ser considerada insolente. O poder romano se mostrava atento às reações e às solicitações de seus notáveis, prontos a reivindicar um reconhecimento, um favor ou algum tipo de auxílio.

Foi a partir de Augusto que as regiões ocidentais e latinófonas do Império seguiram a aprendizagem da vida municipal e de seus meandros. De acordo com os setores provinciais, o ritmo e a extensão do fenômeno foram distintos. A Península Ibérica se municipalizou sob o impulso da dinastia flaviana. Os gauleses, organizados sobre o modelo da cidade de Augusto, adquiriram, ao longo do século I, o benefício do direito latino. A Britânia, as Germânias, as zonas militares do Reno e do Danúbio assistiram a fundação de um grande número de cidades de categoria municipal ou assimiláveis a um município de direito latino. Na África Proconsular, um labirinto de estatutos difíceis de desembaraçar, atribuídos a comunidades locais ciosas de sua autonomia e dignidade, deu lugar a hierarquias simplificadas e mais compreensíveis. Sob o governo dos Severos, a redefinição da *pértica*, ou comarca, da colônia de Cartago provocou a emergência de novos municípios chamados "septimianos" (referência a Sétimo Severo). As promoções não se limitaram somente a esse território. A própria Cartago obteve o direito itálico, assim como Útica e *Lepcis Magna*: o solo dessas colônias passou a ser considerado uma porção da Itália e gozava de imunidades fiscais. O Egito nos mostra um caso exemplar: nessa região Sétimo Severo introduziu a municipalização mediante a criação de conselhos (*bulés*) nas capitais dos antigos "nomos", províncias provenientes do tempo dos faraós. O Império e suas cidades mantinham boas relações e se respaldavam mutuamente. Ainda no século III, podemos observar as criações ou as elevações de comunidades cívicas até o governo de Galiano. Ocorreram igualmente degradações e desaparecimentos. A cidade era o gérmen da urbanização de uma região e a unidade fundamental do governo e da administração das províncias. Para muitos, esse foi o cenário principal de seu aprendizado político.

2. **A política local** – As instituições das cidades helênicas, quer fossem originalmente democráticas ou aristocráticas, conjugavam três entidades hierarquizadas e desiguais: o povo ou o *demos*, os magistrados ou titulares de uma *arqué* e o conselho (*ordo* ou *bulé*). As velhas cidades gregas tinham tomado de empréstimo de Atenas ou de Esparta um leque de funções e de cargos urbanos (as *liturgias*) que cobria os principais aspectos da vida local: justiça, finanças, administração dos lugares públicos, aprovisionamento, educação, religião e jogos. Os nomes dos magistrados e das liturgias e suas competências variavam de uma cidade para outra: arconte,

estratego, agorânomo, *grammateus* ou secretário, agonóteta e ginasiarca encontram-se entre os mais usados. A *ecclésia* e a *bulé*, assembléias de tipo democrático, em princípio, perduraram. Sem dúvida não foi antes de Augusto que um grande número de cidades gregas adotou a *gerusia*, ou Conselho dos Anciãos, de origem espartana, uma dignificação não remunerada e reservada a partir de então para cidadãos de boas condições financeiras, que eram nomeados em caráter vitalício. As *poleis* da época imperial se transformaram em governos aristocráticos. A *bulé*, ou Conselho, cessou de ser convocada mediante sorteio anual, passando a ser exigidas condições mínimas de fortuna para que o magistrado pudesse assentar-se nela. A honraria tornou-se vitalícia. O Conselho passou a ser o centro da vida local, controlando o povo, recenseado por *dema*, isto é, por tribo, e seus magistrados nomeados anualmente e tornaram-se o equivalente exato de um *ordo* municipal. Algumas comunidades chegaram ao ponto de oferecer aos imperadores cargos cívicos em suas cidades, naturalmente com segundas intenções. O culto imperial cívico nasceu nesse período, em função de César Augusto. Dirigido ao imperador vivo, a quem essas honrarias religiosas contribuíam para deificar, ele foi confiado a ordens sacerdotais, cuja participação era cobiçada e prestigiosa e que, em certas ocasiões, alçava seus membros ao sacerdócio provincial. Esse culto não regrediu, mesmo quando foram expressas manifestações explicitamente contrárias à divinização do imperador reinante, mediante decretos de Tibério, mais tarde reforçados com particular veemência por Cláudio.

Algumas cidades da Itália ou das velhas províncias ocidentais conservaram instituições complexas que traziam a marca dos antigos estatutos herdados da República ou que refletiam uma fundamentação anterior à lei municipal de Júlio César (promulgada em 45 a.C.). A maioria das cidades confirmadas, refundadas ou criadas sob o Império adotou um regulamento inspirado pela *res publica* do povo romano: colégios de magistrados eleitos por um ano, assembléias populares com prerrogativas eleitorais, divididas em unidades de voto denominadas "cúrias", um conselho de decuriões civis recrutado mediante bases de patrimônio censitário avaliadas localmente. As leis municipais da época flaviana, gravadas em bronze, mesmo incompletas, que foram descobertas nos sítios arqueológicos de *Malaca*, *Salpensa* ou *Irni*, na Bética, colocam em evidência o modelo de seis magistrados formando três colégios de dois questores, dois edis e dois duúnviros. Estes últimos eram encarregados de comunicar o direito e administrar os demais aspectos da vida local. Eles convocavam o conselho, submetiam-lhe uma ordem do dia e lhe apresentavam ou mandavam apresentar relatórios sobre as questões a tratar. Os cidadãos e os residentes se contentavam em sancionar por voto a eleição dos candidatos às magistraturas e aos sacerdócios propostos pelos decuriões e pelo magistrado que presidia a assembléia. Como no Oriente, é provável que em certas cidades nem todos os homens adultos estivessem inscritos nas cúrias. Mesmo nos casos em que a participação oficial fosse grande, não é garantido que todos os inscritos ou sequer a maioria deles se deslocassem para as assembléias. De qualquer modo, a vontade popular se expressava também, e talvez principalmente de maneira mais espontânea, no fórum, nos espetáculos ou por ocasião das festas cívicas.

A política local era atribuição dos notáveis. Tinha como único local o "logradouro" estabelecido no centro da capital provincial ou de outras cidades, sede das instituições e localização dos edifícios públicos religiosos ou profanos mais importantes. Os debates ocorriam na Cúria ou no Conselho, porém, ao menos no Oriente, segundo lemos em Dion de Prusa, Plutarco e Élio Aristides, eram realizados em praça pública, nas ocasiões em que era importante tomar o conjunto dos cidadãos por testemunha. Os decuriões ou os "buleutas", isto é, os membros do *bulé* (Conselho Municipal), emitiam os decretos, aos quais se associava ocasionalmente o povo, que deveria votar, seja por maioria absoluta, seja por maioria de dois terços. Os assuntos religiosos, a organização das operações eleitorais e da vida política, a garantia do bom funcionamento da justiça municipal constituíam a parte essencial de suas competências, a par do controle do tesouro público e das finanças da cidade. Os regulamentos descobertos em *Irni* e recobrados de numerosas epístolas imperiais permitem compreender o quanto as cidades eram frágeis e sensíveis aos problemas monetários. Os magistrados responsáveis deviam prestar contas regulares e fornecer cauções com seu próprio patrimônio. Eles deveriam igualmente adiantar a "soma honorária" destinada ao funcionamento da cidade, por ocasião de sua eleição, esperando reembolsar-se depois. As rendas da comunidade municipal eram variadas (impostos sobre propriedades fundiárias, outorgas, minas e pedreiras e taxas de melhoramentos), mas as somas disponíveis eram com freqüência bastante modestas, proporcionais ao tamanho e ao prestígio da cidade. A parte correspondente às generosidades individuais ou "evergesias" vem sendo recentemente reavaliada como tendo sido superestimada; mas as liberalidades contribuíam, sem dúvida, para o progresso da vida pública. Tem-se discutido se os recursos próprios da cidade não tiveram um papel superior àquele que foi calculado durante muito tempo. Convém adaptar os cálculos de acordo com as conjunturas locais, os comportamentos dos notáveis e os períodos históricos. O endividamento e a competição entre os notáveis, a fim de superar seus pares mediante seus atos de magnificência, expunham as cidades a recorrentes dificuldades financeiras.

3. **A expressão de uma vida civilizada** – Roma não tinha muito a temer das cidades, desarmadas e incapazes de dirigir uma política independente. Contudo, seria errado afirmar que o poder imperial as desprezasse e zombasse de suas atividades um pouco vãs e, algumas vezes, ruinosas. O imperador tinha tanta necessidade das cidades como estas tinham dele. É por isso que ele às vezes se agastava com a propensão a excessos dispendiosos e a solicitações para que os problemas fossem resolvidos de uma hora para outra. A

autonomia era um valor fundamental, mas tinha um preço. O caráter freqüentemente vaidoso, pomposo e moralizador das proclamações dos notáveis locais não derivava de um estereótipo, mas principalmente de um estilo de relações imposto pelas próprias condições da vida cívica. As formulações apresentadas em seus documentos, cuja pretensão pode causar espanto, ofereciam um meio para a expressão positiva de um certo número de normas ideais com as quais se buscava conformar, mas sem nunca conseguir atingi-las. Por trás do conservadorismo e das referências às tradições – tanto mais presentes, segundo parece, quanto a cidade era submissa a adaptações inevitáveis –, é preciso ler a ligação das aristocracias e dos cidadãos em geral com uma comunidade julgada inatingível por suas rivais mais próximas, com a vaidade e orgulho de beneficiar-se de uma identidade própria, com o sentimento de que a vida cívica, colocada sob a égide da lei, reunia em si tudo quanto constituía a civilização. As dificuldades materiais, os problemas de abastecimento, as disputas internas ou a competição com as vizinhas, as mesquinharias e as obrigações de se curvar perante um governador ou um imperador não eram mais do que o preço da liberdade e da emulação entre cidadãos zelosos.

A "honra" de ser uma cidade não era simplesmente uma palavra. A proteção das divindades citadinas respondia por sua perpetuação. A religião participava plenamente da construção da comunidade: os deuses deveriam ser venerados para que continuassem a conceder seu auxílio. As festas públicas, acompanhadas de jogos desportivos e de espetáculos, eram um eco dessa busca pela atenção divina. A cultura da cidade era, aliás, uma questão que ilustrava sua auto-estima e seu amor-próprio: concursos de eloqüência, competições atléticas, poéticas ou musicais, espetáculos realizados no teatro, no circo ou no anfiteatro, banquetes ou distribuição de presentes atraíam a população dos campos e das cidades vizinhas e serviam para aumentar o renome da cidade. Quanto mais numerosas e ricamente dotadas eram essas manifestações, tanto mais as generosidades para com o povo e os estrangeiros eram grandes e tanto mais glória se derramava sobre as camadas dirigentes. Estas também colocavam em jogo todo o seu poder e reputação em favor da aparência monumental da cidade, cuja beleza, originalidade e dimensões deveriam fazer com que se impusessem a suas rivais mais próximas. Era importante provocar a admiração e a inveja dos vizinhos, e o espanto dos viajantes que por elas passassem. As sociedades cívicas não hesitavam em declarar, na menor ocasião que se apresentasse, que se colocavam resolutamente nos antípodas da barbárie. Com o tempo, os notáveis, preocupados com suas heranças familiares, sua nobreza e sua boa educação, tomavam de empréstimo as mais virtuosas das referências ao imperador e afetavam cultivar a bondade, a integridade e o devotamento, um fardo difícil de carregar, a serviço do bem comum. A busca deliberada das honras, ou *philotimia*, não transcorria nunca sem perigos, mas demonstrava o gosto pela emulação franca e assinalava uma superioridade social que a comunidade só podia reconhecer. Apesar das hierarquias e das desigualdades, as solidariedades ocorridas em uma mesma cidade levantavam uma preocupação constante de parte das elites locais: seu esquecimento arriscava romper a concórdia entre os cidadãos.

O amor da pátria (designado pelo adjetivo *philopatris*) já era digno de elogio nas antigas cidades gregas. O *amor patriae*, fórmula usada nas inscrições latinas, expressava o laço estreito para com a pátria local (a *polis*, ou a cidade) e não uma afeição para com a "pátria universal", ou seja, Roma (Cícero). Sobretudo as inscrições do Oriente e da África Proconsular o proclamavam francamente na época imperial. No sentido mais imediato, a cidade-pátria era o lugar de origem de uma família, a terra de seus ancestrais, para a qual sempre se retornava depois de a haver deixado. A mudança de domicílio não modificava a *origo* de um indivíduo, salvo uma renúncia expressa livremente consentida ou imposta. O patriotismo era, vamos afirmar mais uma vez, uma característica peculiar acima de tudo aos notáveis. Duas formas emergem dos documentos: o patriotismo decretado pelos pares e o patriotismo reivindicado. Em ambos os casos, o patriotismo era simplesmente suplementar. As manifestações de ligação afetiva julgadas excepcionais apresentavam sua plena significação em função das circunstâncias: o amor da pátria era reconhecido pelos atos e decisões felizes que tinham evitado um perigo ou que haviam salvo a coletividade. A "pátria" aflorava nas ocasiões em que mais nada poderia servir: sua invocação permitia a todos sentirem-se em casa e responsáveis pela integridade e pela conservação de uma comunidade concreta, viva e perfeitamente reconhecível. A pátria apelava para a identidade política e para o sentimento de pertencer a uma comunidade, indispensável a uma sociedade civilizada. Cada um se dispunha a sacrificar-se por ela, dentro de suas possibilidades sociais e familiares. Portanto, não é contraditório que um *íncola* (residente estrangeiro) em Mérida reivindique sua qualidade em Túrdula, ou que Apuleio de Medaura, filho de notáveis e em pleno gozo da cidadania romana, se apresente como "meio-númida, meio-gétulo", dois povos associados a províncias africanas. A cidade e a pátria não eram senão a fração mais visível de construções de identidade que se haviam tornado muito complexas. Para quem era originário dessas construções, não havia uma pátria de segunda classe.

As células cívicas eram a própria substância do Império. Compreende-se, assim, porque o século III não pode ser descrito como um período de crise e de decadência das cidades, mas como uma fase de consolidação e de integração política reforçada. O helenismo, vetor da *polis*, prosseguiu com sua renovação. As províncias ocidentais continuaram a se latinizar dentro de um esquema municipal. A universalidade de um modelo lentamente adaptado às condições locais explica a presença da diversidade dentro da unidade. Pode parecer perigoso afirmar que as cidades, pequenas ou grandes, deviam seu florescimento e sua liberdade ao Império. Todavia, é perfeitamente observável que as duas entidades viveram em simbiose e evoluíram em simultaneidade com eventos portadores de ameaças e de perigos. Da resistência do Império dependia a resistência das cidades. Não há qualquer motivo de espanto nisso. O que mais nos chama a atenção é que o mundo das cidades concentrasse as energias e as atenções das elites locais, ativas e ambiciosas, isto é, de uma percentagem relativamente pequena de seus 80 milhões de habitantes. Isso não impedia que, em toda a volta, a uma distância mais ou menos grande e mais ou menos difícil de transpor grupos e indivíduos isolados se mantivessem à parte dos centros civilizados, ainda que a sua maioria estivesse incluída nos quadros políticos dominantes. Não se tratava somente das massas de camponeses, que raramente tinham direito à palavra nas fontes do poder, mas de categorias variadas, colocadas à margem por razões diferentes, compondo grupos que os poderes constituídos não podiam de forma alguma controlar.

Capítulo IV

O império em questão

A dominação romana, ou seja, o modelo social imperial, repousava sobre desigualdades gritantes, fontes de males e de ressentimentos cotidianos, que iam se agravando até originar crises mais profundas. A afirmação do direito romano não aboliu o recurso à violência, que o próprio Estado empregava sem hesitação, sempre que achava conveniente. Os ricos nunca tiveram a preocupação de extirpar a pobreza, a escravidão continuou e prosperou; sua supressão não parecia sequer cogitável para um pensador do nível de Epiteto, porque, como ele, a maioria acreditava que fizesse parte da ordem racional do universo. Muitos, apesar das viagens, das trocas comerciais e da abertura para o exterior, viviam em mundos fechados, quer se tratasse do campesinato, quer dos grupos étnicos ou daqueles que exerciam profissões infamantes (atores, cocheiros, gladiadores). As mulheres, em sua grande maioria, eram tratadas de fato e de direito como inferiores e de menoridade legal. Os cidadãos romanos, os servidores do Estado e os soldados se beneficiavam de proteções e de privilégios, conforme gostam de salientar tanto os historiadores antigos como as obras modernas de ficção. O Império Romano não foi em absoluto um modelo de justiça, nem de organização humana ideal, mas isso, evidentemente, não é o que se encontra em questão. Não foi tampouco o catalisador de uma unidade política considerada como desejável por todos. Foi somente após as crises e no tempo de reconstrução posterior que a monarquia e a unidade da Romanidade se transformaram nos suportes autoproclamados de um princípio unitário mais ideológico do que territorial e identificador. Os adversários da potência de Roma não foram somente os povos exteriores desejosos de ser acolhidos e de partilhar das riquezas das províncias. Em nome de tradições culturais ou religiosas, ou simplesmente pela recusa de um sistema percebido como dependente de uma capital longínqua e arbitrária, muitos cidadãos do Império tomaram atitudes que corresponderam aos primeiros passos para as mudanças coletivas dos modos de raciocínio e de uma evolução das relações sociais. Por acaso isso foi a resistência passiva dos conquistados ou a derrota do processo de romanização? Não se trata absolutamente disso. Foi a própria dinâmica imperial e o mundo que dela havia resultado como conseqüência de uma estabilidade durável do Império que gerou por toda parte uma série de novas idéias disseminadas e postas ao serviço de ambições múltiplas e concorrentes.

I. A questão da romanização

A palavra "romanização" não goza de boa aceitação nos dias que correm, especialmente entre os historiadores anglo-saxões. Contudo, as realidades que ela serve para descrever não desapareceram pela recusa do termo, tornando-se desejável qualificar, de cada vez, de qual romanização se trata (política, econômica, cultural etc.) O conceito designa, portanto, um conjunto de procedimentos não-exclusivos, induzidos pela dominação romana sobre as províncias, caracterizado por ritmos, etapas, graus e reações muito diversos. A fase imperial constitui um momento intenso do fenômeno expresso pelas adaptações regionais originais.

1. **Definição** – Os debates sobre os relacionamentos entre Roma e os provincianos modificaram-se nos últimos trinta anos. A alternativa entre a "resistência" (indígena) e a "integração" foi percebida como demasiado reducionista, ainda mais porque a definição da província como entidade administrativa escapava quase totalmente às categorias étnicas e políticas. Além disso, as cidades, uma a uma, definiram quais seriam seus interlocutores reconhecidos ou aceitos. As reações e as iniciativas das elites provincianas, apoiadas por argumentos aceitáveis pelo poder imperial romano, sempre mais disposto a escutá-las do que tinha sido o velho Senado

vencedor de Cartago, tornaram-se objeto de uma atenção muito grande. Sem cair no anacronismo de descrever um governo atento a uma opinião pública consciente de sua influência, sem afirmar a existência de um diálogo permanente, somos obrigados a constatar que os provincianos tinham pleno direito de apresentar demandas e fazer com que elas chegassem até as autoridades competentes, mesmo em áreas tão sensíveis como as de cobrança de impostos e as de administração da justiça. A ausência de uma política reconhecida de assimilação das conquistas a qualquer preço por parte do vencedor não desqualifica a noção de "romanização". Os sucessivos poderes romanos nunca cessaram de procurar fazer com que as populações submetidas contribuíssem para a grandeza de Roma, para que eles não precisassem mais considerá-las como inimigas. A *fides* nunca passou de um crédito que as comunidades abriam para Roma, sem qualquer promessa de reciprocidade. A Paz Romana significava apenas que Roma era a vencedora do jogo e que suas instituições e sua autoridade guiavam as relações políticas, econômicas, sociais e culturais por todo o Império. Essa "segunda romanização" desloca as atenções para o terreno sócio-cultural: conforme nos explica Estrabão, o grego de Amaséia do Ponto, ela consiste em "voltar os olhos para Roma", o que explica de uma só vez o impacto do centro e da distância das culturas provinciais com relação às referências romanas. O medo dos bárbaros – e, mais ainda, o temor de serem percebidos como bárbaros – é um elemento decisivo, embora raramente mencionado. O Império manifestou mais indiferença aos governos locais do que lhes concedeu uma liberdade franca. A autonomia não era a independência. Em nível cotidiano, nas múltiplas comunidades que compunham o alicerce da dominação romana, elaboravam-se alquimias culturais criadoras de misturas até então desconhecidas, fonte de modificações imperceptíveis, mas constante, sob a aparência da continuidade.

2. **Mutações** – As transformações culturais das sociedades locais são mal conhecidas: os trabalhos que apre-

sentam uma probabilidade de fazer progredir a coleta de informações são ainda muito pouco numerosos e passam pela necessária construção de modelos que ainda estão por ser verificados, talvez precisando primeiro ser desconstruídos e depois adaptados ao contexto. Nenhuma palavra pode designar sozinha os fenômenos que foram realmente produzidos. Nas documentações cujos conteúdos refletem melhor as combinações e as misturas engendradas pela "revolução augustina", as inscrições votivas e funerárias e seus atributos, os objetos de artesanato e as obras de arte são os representados com menor freqüência. A heterogeneidade das expressões locais – mesmo quando escritas em latim ou grego, as línguas dominantes, e referentes predominantemente às tradições dos conquistadores – testemunha que, perante as solicitações de um governo exterior à sua comunidade, os provincianos reagiam mediante estratégias individuais e coletivas, que revelam ao mesmo tempo a atração e as seduções da superioridade romana, bem como a impossibilidade de aderir a elas sem a realização de um grande esforço. Contudo, como recordou G. Woolf, uma nova civilização material se impôs ao longo do tempo: a cerâmica, as ânforas, as termas, as casas e os próprios depósitos de lixo são o eco de novos hábitos alimentares, de uma reforma da higiene corporal, de uma renovação das relações sociais e de uma evolução dos gostos. Qualquer que tenha sido sua categoria social, cada um tinha boas razões para buscar inserir-se na norma vigente: a questão era saber até que ponto tal escolha concorria para valorizar o beneficiário ou, inversamente, não justificava os esforços a serem realizados para alcançar esse fim. Na realidade, a consideração dos demais membros da comunidade influenciava mais do que as opiniões de Roma. Pouco numerosos eram aqueles que aderiam totalmente ou se entrincheiravam em uma recusa total. A adaptação dependia muito mais de uma interpretação individual e coletiva dentro de uma conjuntura dada.

3. **Novas identidades** – A verdade é que a prática impulsionou os indivíduos a se tornarem "romanos" e não

"galo-romanos", "hispano-romanos" e muito menos "greco-romanos": o sentimento de pertencer a um duplo conjunto de parâmetros assinalava uma transição, uma passagem e não uma identidade estável, porque esta nunca era enunciada claramente. Todavia, ninguém conseguia realmente se manter à parte do movimento, o que explica a diversidade das transformações e das expressões da novidade. Além disso, os que se tornaram "romanos", não o foram nunca, senão de acordo com sua própria maneira de ser, porque não existia um modelo particular que permitisse discernir um padrão oficial de romanidade. A integração política e jurídica sancionava em princípio uma evolução que chegara a seu termo ou se achava em vias de conclusão. Os modos de consumir alimentos, de vestir-se, de adotar outra língua não significavam a renúncia às tradições e maneiras de pensar herdadas e culturalmente carregadas de significado. A conservação da língua e da cultura maternas, pelo contrário, não implicava nem a recusa a qualquer evolução nem o seu abandono. O caso das elites das cidades gregas merece uma maior reflexão. Freqüentemente se afirma que os gregos permaneceram gregos e "xenófobos", porque dispunham do privilégio da antigüidade e tinham segurança de sua superioridade, uma vez que se apresentavam como os detentores de uma cultura de forte tonalidade identificadora. Todavia, ao se apoiar esse tipo de assertiva, não se evitam as armadilhas estendidas pelos próprios intelectuais gregos, ciumentos de sua universalidade. Dion de Prusa ou Élio Aristides, confrontados com as realidades das cidades, quer fossem suas próprias ou aquelas a que eram chamados para redigir discursos ou elogios, não se transformaram em resistentes ou campeões de uma causa grega imaginária. Os gregos não tinham unanimidade sobre quais posições deviam defender. Todos eram os depositários de um legado inapagável da *polis*: a inclinação permanente para a competição com todos os outros, inclusive os demais gregos e suas cidades, a única forma considerada aceitável de ser digno de sua pátria, uma comunidade livre que se bastava a si mesma. Roma, nesse sentido, não era um adversário que se tivesse de superar, porque sua atitude servia ao mesmo desígnio, protegendo as *poleis*. Plutarco interpretou esse posicionamento convidando seus concidadãos a assumir as magistraturas cívicas, a fim de que continuassem a dispor de uma certa influência sobre o curso das coisas. Outras cidades se lançaram até mesmo em uma competição encarniçada para honrar o senhor de Roma, na esperança de atrair para suas comunidades os benefícios do poder central. As elites das cidades gregas conseguiram paulatinamente adaptar sua linguagem à percepção que tinham do imperador e do poder imperial, empregando fórmulas que lhes eram familiares, geralmente tomadas de empréstimo à descrição dos poderes divinos (S. Price).

II. A questão das revoltas

Além dos episódios da conquista, que omitimos aqui voluntariamente, as respostas à dominação do imperador e do Estado romano foram algumas vezes violentas, o que não quer dizer necessariamente que tivessem um caráter de identidade pronunciada, nem tampouco um alvo separatista. Não obstante, convém observar que foi justamente nos períodos em que as províncias tiveram de adaptar-se às regras administrativas aplicadas por Augusto que ocorreram algumas das crises mais graves.

1. **A função dos coletores de impostos** – O caso da Gália nos oferece uma boa ilustração das escolhas e das contestações. Não houve, contrariamente ao que algumas vezes foi escrito, uma questão especificamente gaulesa. O suposto "terror" que os gauleses teriam inspirado nos romanos nunca pôde ser comprovado pelo estudo das fontes históricas. A nostalgia do tempo da independência tampouco resiste a um exame mais acurado, porque nunca houve uma unidade gaulesa, nem uma frente comum perante um poder considerado tirânico. As províncias das Gálias reagiram sobretudo às conjunturas militares sobre o Reno, às exigências de impostos julgados exorbitantes e às novas responsabilidades que a

integração administrativa fez pesar sobre os ombros de elites locais, muitas vezes fragilizadas pela competição entre os notáveis. Os impostos e o recrutamento militar constituíam dois pontos nevrálgicos. Os recenseamentos, base de todas as demais operações, eram mal suportados desde o reinado de Augusto, que indubitavelmente havia reforçado a imposição da entrega anual de um imposto de 40 milhões de sestércios, a ser pago pelo conjunto de todos os gauleses, uma taxa inicialmente estabelecida por César, como imposição da conquista. A corrupção do procurador Licínio[24] em 15 a.C., a revolta das cidades gaulesas no ano 21 d.C.[25] (sobretudo as habitadas pelas tribos dos treviros e eduanos), os episódios das guerras civis entre 68 e 70[26] mostram que os métodos da administração fiscal tinham uma influência indubitavelmente maior do que o peso do próprio tributo. Além da responsabilidade das cidades para o pagamento ao fisco – fosse na forma de entrega em espécie, fosse diretamente no aprovisionamento das guarnições militares –, a defasagem entre os resultados dos recenseamentos e as somas devidas por uma comunidade – fundamentadas em parte sobre a riqueza efetiva dos cidadãos e da cidade – era uma fonte de desequilíbrios e descontentamentos. Conforme lemos em Tácito, a elite dos treviros e eduanos, descontente com a supressão de certos privilégios por Tibério, não se encontrava mais em condições de fazer frente a todas as obrigações de que era

---

24. Gaio Júlio Licínio, antigo escravo gaulês, liberto de Júlio César, a quem Augusto nomeou governador das províncias gaulesas. O enriquecimento ilícito dos governadores provinciais era costumeiro, mas o de Licínio se tornou proverbial. Entregou ao tesouro romano a maior parte dos bens mal adquiridos, escapando a maiores punições. (N.T.)

25. As cidades do sul da França se revoltaram contra os impostos excessivos e a corrupção dos procuradores, particularmente Licínio, durante o governo de Augusto. (N.T.)

26. Basicamente a disputa pela sucessão de Nero por quatro generais, apoiados por suas respectivas legiões: Galba, Otônio [Otão], Vitélio e Vespasiano, com a vitória final do último. (N.T.)

incumbida: ser a fiadora do pagamento regular dos impostos, gastar seus próprios recursos para o embelezamento e o conforto da cidade, enfrentar a concorrência dos novos-ricos, além de se responsabilizar pelo recrutamento regular de jovens soldados, que seriam expostos diretamente ao combate das forças inimigas. Esse processo circular, agravado pelos abusos do funcionalismo, expunha alguns dos nobres locais a um endividamento excessivo e à impossibilidade de conservar sua categoria social. Por outro lado, mesmo que se tenha evidenciado que a revolta de Vindex[27], em 68 d.C., tenha tido como origem os excessos de Nero em matérias fiscais, a série dos eventos só pode ser compreendida dentro do contexto da guerra civil posterior à morte daquele, contexto propício às ambições e aos lucros inconfessáveis que o retorno à calma impediria. A assembléia de Reims[28], na primavera de 70, longe de ter sido um "Conselho Nacional" de todos os gauleses destinado a escolher entre Roma e a formação de um Estado gaulês, se explica pelo vácuo de poder decorrente das trocas sucessivas de imperadores nessa época, pelo medo de represálias e pela oposição entre o partido flaviano e aqueles que haviam acreditado na vitória e na impunidade de que gozariam após a ascensão de Vitélio, a quem tinham apoiado. Porém o caso dos gauleses é apenas um exemplo. Seria possível, no âmbito dos três séculos de que tratamos aqui, multiplicar as análises e detalhar os aspectos locais. Vamos nos limitar à evocação da revolta africana de Thys-

---

27. Júlio Vindex, governador romano de Lyon. Gaulês, mas cidadão romano, revoltou-se contra Nero em 68 d.C., com a intenção declarada de derrubar o imperador. Comandando um exército de vinte mil homens, foi derrotado e suicidou-se. Teve pouca sorte: um mês depois, Nero foi assassinado. (N.T.)

28. O congresso de Reims reuniu a maioria dos chefes gauleses e os governadores de todas as cidades para decidir se apoiariam o partido da independência, chefiado por Júlio Tutor e Júlio Sabino ou se permaneceriam fiéis a Roma. Júlio Auspex, que derrotara Júlio Clássico, dominou o congresso, que acabou jurando fidelidade a Roma e a Vespasiano. (N.T.)

drus (El-Jem)[29], em 238 de nossa era, que teve por motivo a atitude hostil da administração financeira imperial contra os proprietários de terras. A "insurreição dos jovens" desembocou na proclamação de Gordiano, o procônsul da província, como o novo augusto. O exército de Numídia, província vizinha, extirpou a revolta e matou o filho do pretendente, que escolheu, por sua vez, o suicídio. Todavia o imperador Maximino foi finalmente a vítima desses eventos e deixou o lugar para o neto de Gordiano, o jovem Gordiano III. Em favor de um balanço global, distinguem-se nitidamente dois tipos de situações: aquelas que conduzem a uma guerra civil, e que causam um impacto real e contundente, e aquelas que condenam os revoltosos ao isolamento, apesar de um sucesso inicial, abrindo o caminho para uma rude repressão contra os infelizes vencidos.

2. **Descontentamentos e enfrentamentos** – Violências endêmicas surgiram em diferentes pontos do Império, sem que por isso desembocassem sempre em rebeliões armadas. Desordens súbitas, que seriam impossível de se prever, pegavam desprevenidos os representantes do poder. Em Roma, o imperador era freqüentemente forçado a contribuir com seus próprios recursos para apaziguar as multidões. Nas cidades provincianas, a fome ou a escassez periódica de certos alimentos, decorrentes em geral de catástrofes naturais ou da seca, algumas vezes provocavam revoltas. Especuladores reais ou imaginários eram responsabilizados e assassinados violentamente, mesmo quando o governador tentava protegê-los. Nas áreas rurais, as populações insatisfeitas tentaram, na maior parte das vezes, obter reparações através de petições à autoridade imperial, especialmente quando os causadores dos problemas eram os soldados ou os funcioná-

29. Cidade da Tunísia, hoje El-Djem, a meio caminho entre Sussi e Sfax. As ruínas do imenso anfiteatro romano, quase do tamanho do Coliseu de Roma, estão ainda em excelente estado de conservação. (N.T.)

rios. A privação, o isolamento, a recusa em submeter-se à lei e o enfraquecimento do controle administrativo favoreciam os salteadores, embora as fontes somente os mencionem quando os ataques afetavam diretamente o poder ou a pessoa do imperador. Nesse sentido, é característica a revolta, apresentada algumas vezes como produto da imaginação romântica, do desertor Maternus, que partiu da Germânia com seus asseclas e pilhou a Gália entre 185 e 187, antes de penetrar na Itália, quando fracassou em sua tentativa de assassinar Cômodo na própria Roma. O disfarce como "inimigos públicos" é um dos recursos de dramatização das empresas desse gênero. Esse artifício é encontrado, por exemplo, no começo da revolta egípcia dos *Bukoloi*, em 172 d.C. Estes "vaqueiros" do Delta do Nilo, incitados pelo padre Isidoro, ameaçaram Alexandria e só foram vencidos com dificuldade por um bom general, Célio Avídio Cássio, futuro pretendente efêmero à sucessão de Marco Aurélio, se dermos crédito a um boato. A dimensão religiosa se achava presente e se conjugava com um problema social (os rebeldes cristãos foram reforçados por camponeses pagãos que abandonaram em massa as aldeias) e um meio natural propício à resistência de guerrilhas e às ciladas, embora esses salteadores tenham recebido o crédito da vitória em pelo menos uma renhida batalha campal. A reação das autoridades foi tardia, quaisquer que tenham sido as razões, o que facilitou a expansão do movimento. No Egito, era sobretudo em Alexandria que repetidamente se manifestavam explosões de violência. Ao litígio permanente entre os alexandrinos e o poder romano, que extinguira a *bulé* ainda no governo de Augusto, juntavam-se as discórdias repetidas entre as comunidades grega e judia e a sensibilidade excessiva de uma população miscigenada e grande demais para a cidade, população que engrossava as fileiras dos marginais e das famílias devedoras e inadimplentes para com o fisco.

A religião não era a priori uma fonte de conflitos violentos no Império Romano. Cultos muito diversos se acotovelavam por toda parte, oriundos de tradições locais complexas.

Os cultos orientais, helenizados ou não, se expandiram no Ocidente sem suscitar uma verdadeira hostilidade, além da inspirada pela novidade e estranheza. Prosperavam as devoções para com as divindades pré-românicas na África, na Península Ibérica, na Gália e na Britânia. Privadamente, cada um honrava as divindades de sua escolha. Os responsáveis pelos sacerdócios e santuários não-românicos eram vigiados, sem dúvida, mas se os druidas e os sacrifícios humanos foram objeto de interditos oficiais, essas proibições não foram sempre seguidas por sua aplicação. Nota-se que o druidismo e os sacrifícios humanos eram considerados mais uma superstição do que um culto verdadeiro, mas que esses excessos religiosos representavam um perigo para o poder, na mesma medida que a magia: as práticas que visavam ao conhecimento do futuro eram consideradas como sinais de desafio contra o imperador, cujo desaparecimento se desejaria provocar. O delito religioso certamente existia, mas derivava de comportamentos desmedidos, percebidos como nocivos à "paz dos deuses", sobre a qual repousava a religião pública em Roma e nas cidades. Contudo a participação das cerimônias religiosas coletivas não era obrigatória. A presença de um magistrado e de um sacerdote era suficiente para validar um ato religioso. Todavia, um cidadão romano, quem quer que fosse, não podia perturbar a prática de ritos essenciais da religião pública sem correr graves riscos. O padrão que servia para delinear os contornos "daquilo que era aceitável" (S. Price) e, pela medida oposta, inaceitável, estabelecia a fidelidade à religião dos ancestrais. Quando alguém mudava de cidade e se tornava cidadão romano, os deuses padroeiros da *res publica* e do Império se tornavam as divindades ancestrais que se deveria respeitar, até mesmo para os judeus que adquiriam a cidadania, os quais não eram obrigados a renunciar a seu próprio culto, mas que não poderiam tomar nenhuma atitude hostil contra os deuses. Isso não significa que Roma fosse tolerante por uma questão de princípio. O discurso religioso excluía o direito ao ateísmo declarado (a negação da existência dos deuses clássicos). A religião era um indicador poderoso do fato de se pertencer a uma comunidade organizada, no seio da qual o poder era claramente identificado e protegido por seus senhores invisíveis.

3. **Judeus e cristãos** – Apesar dos conflitos entre as duas comunidades e ainda que as fontes posteriores ao triunfo do cristianismo e seus partidários tenham denegrido os judeus, os historiógrafos costumam reunir os dois grupos quando se trata de seus relacionamentos mútuos com os romanos, porque, além da filiação judaica do cristianismo, os dois sistemas religiosos se colocavam simultaneamente fora da perspectiva do politeísmo peculiar ao mundo antigo, pois afirmavam o monoteísmo. Mais antigo do que o movimento cristão, encaixado em uma comunidade que se identificava e centralizado ao redor de um lugar santo, o judaísmo entrou em guerra em diversas ocasiões com o poderio romano.

Os judeus eram repartidos em duas entidades distintas: os da Judéia, reunidos ao redor do templo de Jerusalém – reconstruído após o retorno do exílio na Babilônia (o "Segundo Templo") – e os da "dispersão" ou *diáspora*, helenizados, alguns presentes em Roma, mas em número muito mais elevado em Alexandria, na Cirenaica e nas comunidades da Ásia Menor, sem esquecer aqueles que viviam até mesmo fora do Império. O terreno religioso foi um combustível importante para as hostilidades, algumas vezes cheias de rancor, entre os judeus e os romanos, freqüentemente chegando às raias da incompreensão. A descrição do judaísmo e de suas práticas e observâncias que nos foi feita por Tácito, o qual, naturalmente, se comporta como o porta-voz do Estado Romano, traduz o grau de incompreensão que o monoteísmo e a lei judaica despertavam entre o patriciado romano. Havia igualmente um temor constante de conspirações. O fato de que o historiador tenha relatado afirmações que caricaturavam e deformavam gravemente a realidade, sem se preocupar em realizar verificações ou em fazer um exame rigoroso a fim de confirmá-las, não nos deve causar espanto, e nem foi a religião judaica a única a ser submetida a um tratamento que a expusesse ao ridículo. O critério augustino da barbárie, aplicado também, por exemplo, aos cultos do Egito e aos seus animais divinizados, considerava que eram todos exemplos de superstição, e não de religião, classificando-os como muito distantes da natureza espiritual dos entes divinos. Além disso, entre outras coisas, o monoteísmo negava a existência dos deuses de Roma. Mais ainda, Yahvé era deus unicamente dos judeus e lhes havia prometido o domínio universal. Aos olhos dos romanos, essas concepções somente podiam se destinar a favorecer a desordem e o desafio da potência romana. Depois que Pompeu havia, em 63 a.C., penetrado a cavalo no "Santo dos Santos" do templo de Jerusalém, a dominação romana mal podia ser suportada pelos judeus. A criação da província eqüestre da Judéia, logo após a perturbada sucessão de Herodes, em 6 d.C., agravava ainda mais a sua recusa. Era a dominação e não a religião que se achava no núcleo inicial dos conflitos. Foram as arbitrariedades e imperícias do governo romano que provocaram as explosões de violência. Não obstante, as convicções religiosas serviram para atiçar ainda mais a fogueira da guerra.

Dois grandes confrontos tiveram por palco a Judéia, em 66-70 d.C. e em 132-135 d.C. Apesar de um desejo quase unânime de uma Palestina independente, os judeus estavam longe de oferecer uma frente unida perante o poder que queriam ver rejeitado e expulso de seu território. As divisões religiosas eram reforçadas por divisões sociais, rivalidades pessoais e exclusões étnicas. Os poderosos evitavam tomar partido, deixando o campo livre para os elementos mais radicais, chamados por Flávio Josefo de "zelotes" ou de partidários da "quarta filosofia". Porém a guerra nasceu, sem dúvida, das provocações do procurador romano. Sua extensão foi facilitada pelo sucesso inicial dos sediciosos, que tiraram vantagem da falta de preparação das autoridades romanas, as quais não conseguiram reagir com eficácia. Nero designou Vespasiano para o comando, em 67. É notável constatar que Flaviano, ainda que tenha sido ajudado por seu filho Tito, tenha podido conduzir uma guerra em duas frentes, combatendo os judeus, ao mesmo tempo que vencia uma guerra civil para a conquista do Império. A tomada de Jerusalém, no ano 70, solidificou-se pela destruição do Templo, consumido por um incêndio. Como acontece tantas vezes, as responsabilidades pelo drama são difíceis de determinar e permanecem alvo de polêmica. Para o judaísmo, sem o seu Templo, começava uma nova época. Flávio Josefo saúda o heroísmo da resistência da fortaleza de *Massada*, nas margens do Mar Morto, terminada no ano de 73 por um suicídio coletivo. Sessenta anos mais tarde, Simon Bar-Kosiba (ou Bar-Koshba)[30] foi o instigador de uma sublevação para a restauração do Estado de Israel. A duração de três anos dessa revolta destaca as falhas de uma resposta romana, que tomou forma muito lentamente. Os insurretos resistiram utilizando os esconderijos oferecidos pelo terreno. A repressão foi impiedosa. Jerusalém foi transformada na colônia *Aelia Capitolina* e a província foi renomeada Síria-Palestina. Pesadamente derrotado, o judaísmo enfraqueceu-se bastante e foi obrigado a se reorganizar para sobreviver. Todos os judeus do Império foram submetidos ao imposto do meio-shekel (siclo[31]) de prata que, a partir de Domiciano, passou a ser encaminhado ao *Fiscus iudaicus*.

Os eventos da Judéia levaram numerosos correligionários a unir-se à diáspora. A mais grave explosão entre os judeus da dispersão foi a ocorrida entre 115 e 117: os judeus da Cirenaica, da Alexandria e do Egito, do Chipre e da Mesopotâmia travaram uma guerra encarniçada contra Trajano, na época ocupado com a campanha contra os partas e que,

30. Ou ainda "Bar-Kokhba" ou "o filho da estrela", apelido messiânico dado a Simão Bar-Koziba (outra variação), chefe da segunda revolta judaica (132-135 d.C.), ocorrida durante o reinado do imperador Adriano. (N.T.)

31. Do hebraico, *shekel*, através do latim *siclus*, moeda judaica de prata pura, pesando seis gramas. O siclo do santuário ou siclo real tinha sempre esse peso, embora o siclo ordinário, emitido pelos reis ou outros governantes, freqüentemente ficasse abaixo do peso. Judas recebeu trinta siclos do santuário pela traição de Cristo. A moeda atual do estado de Israel é o *Shekel Novo*. (N.T.)

por isso, confiou a luta a seu legado Quinto Márcio Turbo. O ponto em que a revolta estava mais acirrada foi sem dúvida Cirene, mais do que Alexandria, sendo seu estopim um conflito entre judeus e gregos. Os massacres e a repressão soaram o dobre de finados para as comunidades judaicas do Egito. Desde o tempo do historiador Filo, seu governador durante o reinado de Tibério, uma contenda política opunha violentamente judeus e gregos e, em conseqüência, Roma e os judeus de Alexandria. Também fora da Palestina, o judaísmo fracassou em sua busca de uma identidade própria aceitável pelo poder romano e os outros grupos sociais, que só viam em sua religião um particularismo intransigente. Todavia, os judeus partilhavam com outros povos antigos o princípio da religião "nacional", isto é, a coincidência entre uma comunidade política reconhecida e os cultos ancestrais. Sua recusa ao que era estrangeiro, ou seja, o exclusivismo judeocêntrico, foi desse modo a causa essencial dos mal-entendidos e dos rumores incontroláveis que provinham dos dois lados. O episódio do culto imperial, no reinado de Calígula, prolongado pela carta de Cláudio aos alexandrinos, é uma boa ilustração. O imperador Gaio (Calígula) provocou os judeus ao querer impor sua própria estátua no Templo de Jerusalém, como resposta à destruição de um altar erigido ao culto imperial na colônia de *Iâmnia*. Confrontado com as tensões e os riscos de uma rebelião, Cláudio impôs o respeito ao culto judeu aos alexandrinos, mas ordenou também aos judeus que renunciassem à sua pretensão de igualdade política com os helenos. Como se sabe, esse compromisso não resultou em efeitos duradouros.

Os conflitos entre os cristãos e o Império se cristalizaram igualmente em torno do culto imperial. Inicialmente de origem judia, os cristãos foram durante muito tempo confundidos com uma seita judaica, especialmente porque as comunidades da *diáspora* foram as primeiras a acolher a nova religião. Nero os acusou de ter incendiado Roma, no ano de 64, embora nessa acusação os incluísse entre os demais judeus, cuja presença era considerada como excessiva na capital, assentados em comunidades na região além do Tibre. Nenhum dispositivo jurídico novo foi promulgado e não há como defender a idéia tradicional de um edito exclusivo contra os cristãos. Foi no Oriente que o cristianismo se desenvolveu inicialmente, sob o impulso de Paulo de Tarso.[32] Sob sua influência, o que era um movimento somente judaico se abriu aos "gentios" (não-judeus) e logo deixou de pertencer a uma única comunidade étnica ou política. Foi essa evolução que marcou uma ruptura com as normas romanas, conforme testemunha a famosa carta de Plínio, o Moço, a respeito dos cristãos do Ponto durante o reinado de Trajano. A compreensão de que existia uma distinção entre judeus e cristãos desenvolveu-se muito lentamente, tanto segundo o ponto de vista das autoridades romanas como na opinião pública em geral. O século III foi decisivo para a afirmação de uma identidade dos cristãos e do cristianismo e preparou o desenvolvimento de uma igreja afastada das comunidades dos séculos I e II, comunidades estas que foram transpassadas por conflitos e rigorismos de todo tipo. Não julgamos que faça parte do âmbito deste estudo buscar a parte da responsabilidade que pertence ao Estado e a que tenha pertencido aos próprios cristãos na provocação dos enfrentamentos e perseguições. A visibilidade crescente das comunidades (A. Rousselle) as expunha a represálias por parte das autoridades, em cada ocasião em que as coisas não andavam bem. As crises do século III apressaram as perseguições programadas dos monoteístas mais obstinados, que Roma não sabia como tratar ou integrar, ainda que todos eles tenham recebido a cidadania no máximo até o ano de 212. Os cristãos eram temidos igualmente por causa de suas reuniões secretas. Eles se tornavam objeto de violências esporádicas e de denúncias caluniosas. A maioria deles não era nem provocadora, nem revoltosa. Todas as categorias sociais estavam

32. Mais conhecido como São Paulo, nasceu em Tarso, na atual Síria, no ano 1 d.C. e foi decapitado em Roma, em 67 ou 68, por ordem de Nero. Apóstolo dos gentios, ou não-judeus, foi o principal responsável pela difusão do Cristianismo. (N.T.)

representadas entre os cristãos primitivos. O progresso das comunidades cristãs do Oriente não teve qualquer ligação direta com o desmoronamento do judaísmo. Na Alexandria, os cristãos foram massacrados pelas mesmas razões que os judeus, durante os acontecimentos ocorridos no reinado de Trajano. Contudo, por volta do ano de 150, segundo parece, as duas comunidades já eram bem distinguidas pelos observadores externos. Longe de ser uma atitude generalizada, apenas os mais extremistas eram tentados pela busca do martírio. As perseguições haviam tido precedentes, como em Lyon, no ano de 177 e em Cartago, em 203. Luciano denunciou Peregrino, que fora um dos maiores expoentes da filosofia cínica[33] e que buscava a notoriedade a qualquer preço, por se haver convertido temporariamente ao cristianismo somente para alcançar esse objetivo com maior facilidade. No entanto aqueles que perseveravam em sua recusa de respeitar a adoração aos deuses protetores do Império, na qual o culto do imperador era a forma mais universalmente difundida, eram punidos com o castigo reservado aos inimigos públicos. Aqueles que se contentavam com o "nome" de cristãos para designar o fato de pertencer a uma comunidade humana e que não sacrificavam os "ídolos" foram oficialmente perseguidos em virtude do edito de Trajano Décio, promulgado em 250 e prolongado pelo de Valeriano em 257. A suspensão dessas medidas foi decretada por Galiano, o que resultou em um claro alívio social, e não existem provas de que Aureliano tenha tomado medidas de caráter geral referentes à sua reintrodução. Os imperadores, salvo exceções bem pouco numerosas, não se comportaram nem como protetores nem como perseguidores dos cristãos. A ordem interior e os perigos percebidos pelas autoridades foram os critérios decisivos. Em matéria de

---

33. Escola filosófica grega fundada por Antístenes, discípulo de Sócrates, cujo nome deriva do salão de Cinosargo, onde o filósofo pregava. Seus ideais defendiam a abolição da escravatura, eram pacifistas, proclamavam a pátria universal e a fraternidade entre as raças e as nações. (N.T.)

religião, como em outros assuntos, o Estado romano nunca chegou a agir de forma violenta em caráter sistemático. O medo da punição levava grande número de cristãos a respeitar a religião oficial, na qual o culto ao imperador era a forma mais difundida. Foi somente a condenação à morte de alguns "iconoclastas" (fanáticos que tentavam destruir os ídolos) que retardou a obtenção de um compromisso. Ninguém, de parte a parte, ousava prever que o resultado a curto prazo seria a conquista do poder justamente pelos cristãos. Todavia, no final do século III, na véspera do último esforço para eliminá-los, realizado por Diocleciano, as comunidades "católicas", organizadas como uma Igreja, já haviam fincado pé por todo o Império.

III. A questão dos *externi*.

Ainda há pouco tempo, associavam-se indissoluvelmente o triunfo do cristianismo e a vitória da barbárie. Rejeitando os esquemas arbitrários, é preciso observar que a denominação de "bárbaros", no sentido moderno do termo, não era absolutamente justificada, porque os germanos, os persas, os árabes e os outros numerosos povos vizinhos do Império não podiam ser absolutamente reduzidos a hordas desorganizadas, selvagens e incontroláveis. Por outro lado, eles nunca haviam formado uma coalizão devotada a uma tarefa deliberada de destruição do Império Romano, como se isso fosse desejado por Deus. A diversidade geográfica das fronteiras era acompanhada por povoamentos variados, e ambições muito diferentes eram expressas pelos *externi*, "aqueles do mundo exterior".

1. **Sinais de fraqueza do Império** – Entre 235 e 284, as fronteiras do Império foram muito expostas e freqüentemente atacadas. O enfraquecimento da capacidade de resposta imperial, prejudicada pelas competições políticas e militares, dificultava profundamente a defesa e, assim, favorecia a acumulação de perigos, atestando que a ausência de unidade do

Império não seria incompatível – embora indubitavelmente contraditória – com as solidariedades administrativas e militares dos diferentes setores regionais.

As fronteiras do Império tenderam a se estabilizar na época dos Severos, o que não significa que Roma tivesse passado à defensiva. Havia os setores lineares como os muros de proteção construídos no norte da Inglaterra, dentre os quais o mais famoso é a Muralha de Adriano, mas também a muralha germano-rética edificada em pedra no reinado de Caracala e a extensa barreira de terra erguida na região de Dobrudja, unindo o Danúbio ao Mar Negro desde a época dos Flavianos. As divisas fluviais do Reno, do Danúbio e do Eufrates não transformavam esses rios em fronteiras naturais. Entretanto o Danúbio, demarcando a fronteira leste da Rétia e da Dácia, constituía praticamente a *ripa*, isto é, a "margem" do Império, e não era facilmente transponível em seus cursos médio e inferior, a não ser quando estava congelado. Os campos de cultivo e criação se encontravam todos na margem interior, e as frotas militares patrulhavam as águas regularmente. Na Síria, na Arábia, no Egito e na África, as províncias faziam fronteira com desertos, que não eram percebidos pelos habitantes do Oriente como zonas particularmente perigosas, e que podiam ser suficientemente controladas por uma "rede" de malhas frouxas. Por toda parte, as fortalezas dos legionários, estabelecidas havia longo tempo, formavam pólos em torno dos quais se organizavam os diversos dispositivos de defesa regionais. As zonas limítrofes eram pacificadas e integradas. A pressão mais forte se achava na zona do Danúbio, mas, desde Marco Aurélio, o Império se apoiava também em povos clientes, que habitavam, entre outros lugares, as margens orientais do Reno e do Eufrates. Um comércio controlado ligava os territórios do interior e do exterior. Ao longo do Danúbio, sob a proteção do exército, muitas cidades prosperavam. Porém incursões súbitas, invasões cada vez mais ousadas, que chegavam a atingir a Itália Setentrional e ameaçavam a própria Roma, ataques marítimos, migrações de novos povos na orla do

Saara, além da nova agressividade dos partas, que se haviam transformado nos persas sassânidas, se abateram sobre o Império, repetindo-se cada vez com maior intensidade. Parecia impossível prever as intenções dos inimigos. Pilhagens, incêndios e cidades sitiadas acrescentavam às guerras características desusadas e desconcertantes porque, a priori, não tinham outro objetivo senão o saque e a captura de prisioneiros para servir como escravos e como fonte de resgates. No Oriente, o esforço contínuo de ampliação e treinamento dos efetivos militares do reino persa produzia efeitos cada vez mais penosos sobre Roma e seus imperadores.

Sem serem combinadas, as operações dos inimigos foram muitas vezes simultâneas. As dificuldades por que passava o Império levavam à transferência de unidades militares, o que encorajava os assaltantes locais. O ciclo fatal invasão-usurpação-guerra-civil-incursão devastadora atentava gravemente contra a integridade territorial do Império e contra a política de controle das populações fronteiriças. Vários imperadores foram mortos por seus próprios soldados depois de uma derrota em batalha ou então morriam em combate, porque deviam dar o exemplo de valentia, pagando-o com suas próprias vidas. Severo Alexandre, por exemplo, foi vítima de sua indecisão e de sua falta de energia: os soldados do exército da Germânia se amotinaram e eliminaram tanto o jovem Augusto como sua mãe, proclamando Maximino em seu lugar. Ferido em combate contra os persas de Sapor (Shapur) I, Gordiano III morreu em Mesichê, 40 quilômetros a oeste de Bagdá. Apesar de bom general, engajado na luta contra os godos, Trajano Décio sucumbiu em *Abrittus*, uma localidade da Mésia Inferior, ao sul do troféu de Trajano, homenagem a sua vitória no século anterior sobre os dácios e os sármatas roxolanos e orgulhosamente erguido onde hoje é Adam-Klissi. A desorganização de Roma pareceu atingir o ápice quando, em 260, Valeriano foi capturado perto de Edessa por Sapor, enquanto seu colega de trono Galiano não mexia um dedo para libertá-lo. O surgimento do Império dos Gauleses, nascido após a usurpação de Póstumo (260-269) foi conseqüência direta disso. Incapaz de resistir em todas as frentes, o Império, vítima de sua própria imensidão, parecia destinado a ser dividido em unidades regionais. Sucessivamente foram perdidos a Mesopotâmia, os Campos Decumanos e a Dácia.

2. **Um desconhecimento recíproco** – O Império de Roma se contentara durante muito tempo com uma visão assimétrica do mundo. A potência romana, desejada pelos deuses, não tinha grande coisa a temer de adversários sem unidade e indisciplinados, considerados, em resumo, como totalmente negligenciáveis. As populações mais próximas pareciam destinadas, como sugeriu Estrabão, a uma integração progressiva, possivelmente pacífica em razão da força de atração da civilização romana tão superior. Vozes discordantes praticamente não eram ouvidas. Tácito fez muito bem em chamar atenção para o fato de que eram as divisões dos povos germânicos que geravam a verdadeira tranqüilidade de Roma, mas sua advertência não foi levada mais a sério do que as outras. Em um plano filosófico, o espetáculo de uma sociedade imperial corrompida e destituída de alma nutria a nostalgia pelas virtudes simples e fortes dos antepassados, perdidas pelos contemporâneos, mas de que davam prova os "bárbaros". Contudo, a decadência testemunhava também os benefícios da vida requintada e os esforços que o Império realizava constantemente para o bem dos cidadãos e a vitória sobre o caos. Não obstante, a "barbárie" nunca era definitivamente enterrada. Ela apenas esperava para renascer dentro do seio do próprio Império. Restabelecer a autoridade de Roma por todos os meios possíveis parecia ser a única solução aceitável.

As deformações dos mapas geográficos da época, embora gritantes a nossos olhos, não explicam nada. O conhecimento do terreno e a experiência adquirida através dos contatos concretos com este ou aquele povo ou entidade étnica era o que tinha importância real. Por esse motivo, as informações disponíveis se demonstravam cada vez mais inexatas, na medida em que se afastavam dos limites do Império, como efeito da ausência de uma exploração metódica. Tácito é testemunha disso. A Germânia livre que ele apresenta não vai muito além do Elba, e a descrição mascara os movimentos incessantes dos povos que, oriundos do norte ou do leste, vinham permanentemente perturbar a estabilidade já frágil desses vizinhos turbulentos. Os deslocamentos não eram uma novidade e nem assumiram maior magnitude durante o século III: entretanto, chegavam às fronteiras do Império povos estrangeiros desconhecidos até então. Aqueles que foram designados pelo nome de "germanos orientais" (godos, vândalos, burgúndios), mais empreendedores, empurraram para oeste ou puseram de lado os povos que lhes causavam empecilhos. Em continuidade a práticas já atestadas no tempo dos suevos de Ariovisto[34], as migrações internas, conduzindo incessantes levas de novas populações, influíam sobre a organização dos germanos ocidentais, que se reagrupavam para se proteger melhor, formando "ligas" mais ou menos duráveis, como fizeram os alamanos e os francos, ou unindo temporariamente suas ações, como fizeram os sármatas, os iázigos e os marcomanos. As realezas se impunham como um fermento eficaz de adaptação política dos povos exteriores. Apesar de certas afirmações relativas ao fato de que os germanos não evoluíram, que permaneceram cindidos em tribos e não inverteram em nada o seu relacionamento de forças com Roma, é conveniente estabelecer ressalvas: os povos do mundo exterior não tinham a intenção, pelo menos no século III, de conquistar territórios imperiais ou substituir o poder romano, o que não quer dizer que eles não tenham contribuído em nada para enfraquecê-lo, nem que não tenham tido consciência do impacto que causavam suas incursões sobre o Império. Eles adaptavam suas táticas às condições de suas forças. Em 238, os godos do rei Cniva, associados aos hérulos e aos alanos, realizaram irrupções através das fronteiras danubianas do Império. Os romanos falaram sobre "a

34. Denominação genérica dada pelos romanos a todos os povos germânicos que viviam além do Elba. O mar Báltico era chamado por eles de "mar dos Suevos". (N.T.)

guerra dos citas" (Deuxipo), sinal de um desconhecimento total das evoluções recentes na constituição geopolítica e étnica entre o Báltico e o Mar Negro. Nos setores desérticos do Oriente e da África, as transformações contrariaram os equilíbrios tradicionais com os quais os exércitos romanos estavam acostumados. Tais como os bavarenos, recém-chegados reforçavam os novos comportamentos bélicos de antigos povos decididos a melhor se organizar, tais como, por exemplo, os nobadios, os blêmios e os mouros.

Os erros romanos de compreensão do mundo exterior não foram sequer corrigidos pelo engajamento em grande escala de soldados oriundos dos povos de origem germânica. As unidades assim constituídas entravam na categoria de *numeri*, isto é, tropas auxiliares, que não pertenciam nem às coortes nem às alas e somente eram postas em campo em razão de seu conhecimento dos tipos de combate preferidos pelos adversários. A prática já era antiga, porque a encontramos mesmo durante o transcurso da Segunda Guerra Púnica, com a contratação de unidades de cavalaria númidas e mouras. Os imperadores, antes das guerras do século III, recebiam embaixadas vindas de todos os horizontes, aparentemente sem exclusão, o que poderia ter contribuído para diminuir-lhes a ignorância. Os mercadores e os prisioneiros libertados também poderiam ter trazido informações. A impressão que se tem é que Roma não se importava, por ter concluído que não existiam perigos sérios. O reinado persa era confundido com a herança pártica. O estereótipo de populações submissas e temerosas, habituadas a obedecer a um poder tirânico, amolecido pelo luxo, tranqüilizava aqueles que não queriam ver que a nova dinastia havia aumentado muito o poderio do reino. Shapur se contentava com sucessos limitados, mas que lhe aumentavam o prestígio. Ele sabia perfeitamente não possuir mais do que Roma as condições indispensáveis para uma vitória definitiva. Já o Império, obstinado com a idéia de uma luta sem piedade, insistia em apresentar aos persas os sinais de uma superioridade inconteste e temporariamente atingia esse objetivo. O espírito vigente, que não se limitava à questão oriental, era a recusa a aceitar qualquer derrota e o retorno a uma vontade de conquista, que visava à conservação e à defesa incansável do Império contra todo atentado. A tarefa era sobre-humana, como comprovam numerosas fontes, ainda que se reportem a um contexto de louvor a essa atitude.

3. **Expulsão e acolhida** – Oficialmente, nem se cogitava transigir com os "bárbaros". Suas aldeias eram queimadas e os numerosos cativos reduzidos à escravidão, enquanto as populações restantes eram obrigadas a respeitar as instituições imperiais ou forçadas a retornar para onde tinham vindo. No entanto, desde o início do Império, segundo nos relata Tácito, os romanos não hesitaram igualmente em comprar, por meio de subsídios, uma tranqüilidade que se tornaria insustentável a longo prazo. Cômodo, em 180, vítima tanto de sua própria imprudência quanto da mão de Herodiano, seu assassino, preferiu, ao contrário, exigir sinais de lealdade dos povos clientes, sob a forma de tributos regulares de contingentes para as legiões e de trigo, seguindo a política de seu pai, que realmente visava constituir uma nova província para além do Danúbio, a ser denominada Marcomânia. Por medida de precaução, ele pretendia restaurar todos os fortes da fronteira, mas não há certeza quanto aos resultados. Militarmente, os exércitos romanos fizeram frente e adaptaram suas táticas e seus armamentos às condições da nova luta. Oficiais e suboficiais, promovidos desde as fileiras e aguerridos pela experiência de um longo serviço militar, insuflaram nas tropas um novo espírito de resistência e de vingança, que acabou por se tornar prejudicial aos imperadores, sempre que lhes fugia a vitória. Enquanto conservava o que podia de suas forças no controle das fronteiras tradicionais, o Império criou um "exército de campanha" ou *comitatus*, mantido ao redor da pessoa imperial, a partir de Galiano. Composto por "vexilários", ou unidades reagrupadas taticamente para as necessidades de uma expedição, esse exército de núcleo estável podia deslocar-se rapidamente de uma frente para a ou-

tra, conforme a urgência o exigisse. Esse era também um dos meios de que se servia o augusto legítimo para desencorajar, por meio de sua prontidão constante, os concorrentes que tentassem adquirir o apoio dos soldados. A reorganização dos exércitos restaurou até certo ponto o aprumo de Roma e reforçou a vontade de expulsar os "bárbaros" para fora dos territórios do Império. A Itália Setentrional pôde gozar de um alívio das invasões, e Galiano empreendeu a caça ao usurpador Póstumo, cuja estratégia e eficácia na defesa das fronteiras, temporariamente toleradas, se mostravam agora, segundo o ponto de vista do imperador, contrárias aos interesses do Império. Em 269, Cláudio II venceu os godos em *Naissus* (Nish), na Mésia Superior. A retificação da fronteira da Dácia ao sul do Danúbio por Aureliano teve um valor de estabilização devido ao assentimento de perdas inevitáveis, contribuindo para melhor contrariar os assaltos dos *externi*. No Oriente, esse mesmo imperador conseguiu pôr fim à independência do reino de Palmira. Porém a teimosa resistência do Império não impedia novas incursões, como as que ocorreram entre 275 e 276, vencidas por Probo, o novo augusto, que favoreceu o restabelecimento da potência militar de Roma.

Probo foi também o imperador que recrutou a quantidade mais numerosa de soldados engajados dentre as populações estrangeiras. O Império já buscara esse recurso bem antes das crises. A palavra "deportação", usada algumas vezes, é inadequada para dar conta desse fenômeno, porque os recrutas recebiam um soldo, eram comandados por oficiais romanos e a apelação "deditices"[35], que figura expressamente no nome de uma das unidades de bretões do setor do Reno, é de interpretação difícil e sem outro exemplo: é provável que estes *dediticii Alexandriani* se tivessem submetido de espontânea vontade a Severo Alexandre em pessoa, ao menos formalmente, e se tivessem comprometido por juramento a

35. "Apelação" é a tradução literal do latim *appelatio. Dediticius* é a denominação de quem se rende incondicionalmente, segundo César, em *De Bello Civiles* [Sobre as guerras civis]. (N.T.)

não trair Roma. Todavia esse não pode ser considerado como um procedimento geral. Os soldados do exterior eram vistos como peregrinos, a quem o comportamento exemplar daria a possibilidade de receber a cidadania romana. Quanto a seu destacamento para a supervisão militar das fronteiras, não foi nem maciço, nem exclusivo. Tácito comenta a existência de recrutas usipetas[36] integrados nos corpos auxiliares da Britânia. Os batavos, que atravessaram o Reno inferior durante o reinado de Augusto, serviram no exército de Germânico antes mesmo que ele conquistasse o novo território que lhe deveu o nome. O termo genérico *gentiles*, isto é, "oriundos de tribos", empregado para classificar esses recrutas, também foi aplicado aos mouros e aos bretões. Esses povos tão diversos dependiam, onde quer que fosse, do controle de Roma para serem colocados sob a *fides* do imperador, à maneira de clientes. A incorporação no exército romano se dava sob essa condição, e evidentemente não poderia ser de outra forma, salvo exceções sempre possíveis. É dentro desse espírito que é preciso compreender a escolha de Probo – se é que o testemunho da *Historia Augusta* é digno de fé – em incorporar 16 mil alamanos a suas tropas e em confiar aos vândalos a missão de participar do restabelecimento da ordem na Britânia. Porém a integração de "bárbaros" ao exército de campanha e não às tropas auxiliares parece anacrônica no século III.

O serviço nas unidades auxiliares do exército romano não foi senão um dos métodos de acolhida das populações exteriores. Sobre o modelo de uma prática antiga, os imperadores, a partir da segunda metade do século III, passaram a instalar coletivamente famílias e mesmo tribos de "bárbaros" em territórios imperiais, seguindo o exemplo de Agripa com os úbios ou de Tibério com os sicambros. O legado Tibério Pláucio Eliano Silvano gabou-se, no texto que mandou gravar para seu mausoléu, erguido em sua propriedade na cidade de *Tibur* (Tivoli), de ter estabelecido na Mésia, durante o governo de Nero, mais de 100 mil transdanubia-

36. Também referidos como "usipetos", povo germânico que habitava na margem oriental do Reno. (N.T.)

nos com suas famílias e seus chefes. Em contrapartida, essas populações se submetiam ao pagamento de tributos. Isso foi realizado a fim de facilitar a conquista e a pacificação da Mésia, o que salienta também o fato de que reis de povos até então desconhecidos prestaram juramento de lealdade a Roma pela primeira vez. Pláucio Silvano, para acumular seus méritos, extensos para a época, cria a impressão de uma intensa atividade. A diplomacia e algumas medidas repressivas em geral bastavam. A transferência teve por fim sedentarizar os "bárbaros", utilizando terras públicas devolutas que se pretendia valorizar. Nem todos os "bárbaros" do período da crise militar buscavam os lucros fáceis que lhes produziriam as pilhagens resultantes das incursões cada vez mais profundas e prejudiciais para o Império. Muitos preferiam ser instalados por Roma em seus territórios, invocando os precedentes e talvez a vontade de recuperar o contato com uma parte de seus compatriotas que se haviam estabelecido por lá anteriormente. Os colonos germânicos e de outras nacionalidades não eram camponeses-soldados. O que ocorria bem rapidamente, sem a menor dúvida, era que eles se transformavam em um reservatório de recrutas dignos de confiança que, integrados a unidades oficiais, iam combater sem protestar em qualquer parte do Império a que seus comandantes os levassem. No entanto deve ser evitada a afirmação bastante conhecida de que o exército romano se "germanizou" porque seus efetivos eram recrutados em muitas partes; o conteúdo dessa afirmação deve ser mais bem analisado e classificado. Os francos, chamavos, frisões, cárpatos, godos, bastarnas e sármatas começaram a repovoar os territórios, devastados pelas invasões e guerras civis, situados na margem do Império, limitada pelo Mar do Norte e o Mar Negro. Apesar de um filme recente[37], não se pode empregar mais a

37. "As Invasões Bárbaras", filme canadense de 2003, dirigido por Denys Arcand, com Rémy Girard, Stéphane Rousseau e Marie-Joseph Croze, concorreu à Palma de Ouro de Cannes aquele ano. Ambientado no período pós-queda do Muro de Berlim, é basicamente um conflito de gerações entre pai e filho. (N.T.)

expressão "invasões bárbaras"[38] para dar conta do que aconteceu entre 238 e 284. Um processo de parcelamento efetivo do Império Romano, sem ser jamais um objetivo consciente e bem delineado, começou a ser posto em prática. O Império obteve assim tempo suficiente para reagir e se restabelecer, embora tivesse sido forçado a se adaptar profundamente. Não foi necessário esperar muito tempo por conseqüências realmente favoráveis: com relação às invasões dos *externi*, Roma obteve um longo adiamento, embora isso não a tenha dispensado de permanecer vigilante.

A extensão no espaço tornou-se certamente uma deficiência para a potência romana e sua dominação sem partilha. As violências sociais, fossem por protestos contra os impostos, por antagonismos étnicos ou por disputas de caráter religioso, obrigaram a autoridade imperial a se demonstrar atenta ao menor sinal de alerta que parecesse mais sério. Os imperadores estavam persuadidos de que uma atitude forte era a única eficaz para as circunstâncias e não hesitaram em recorrer à força e à violência cada vez que as julgassem ser de seu interesse. Contudo, a continuidade das instituições, a urbanização expandida a um grau nunca atingido antes, o dinamismo das classes dominantes locais e as facilidades de circulação dentro dos limites do Império favoreceram relações pacíficas e lucrativas. O culto do imperador atraía sobre todas as comunidades a proteção das divindades que haviam presidido a formação do Império de Roma. Os governadores e os auxiliares imperiais distribuídos pelas províncias, associados às legiões, permitiam um controle constante das populações. O Império não tinha mais adversários entre os seus cidadãos; somente possuía agora amigos e aduladores. Tácito, um estóico coerente, temia mais do que tudo a renún-

38. Desde o século III a.C., os romanos tiveram de combater invasores da península italiana vindos do norte, até a dissolução final do império. A maioria desses invasores vinham para conquistar terras e se estabelecer como agricultores. Já nos séculos IV e V d.C., o Império estava fraco demais e os novos invasores o fragmentaram. (N.T.)

cia e o desencorajamento. Seja como for, ele teve a lucidez de perceber que o Império se tornava seu próprio adversário cada vez que se entregava às delícias discutíveis da guerra civil e das divisões. Perante o esgotamento e a fadiga, Konstantinos Kavafis explica, em seu poema, que os bárbaros eram uma espécie de solução. Os elementos dinâmicos e imaginativos não haviam desaparecido. Enquanto o poder se soube fazer respeitar, não tinha a temer nada de irreparável. O Império, pacientemente edificado e solidamente estabelecido, não corria absolutamente o risco de se desintegrar súbita e brutalmente. As desigualdades de todo tipo não eram um fato exclusivo das sociedades romanas ou romanizadas. As forças centrífugas não se exerciam todas no mesmo sentido. A autonomia local e a lealdade à cidade evoluíam, enquanto se adaptavam. O sentimento de pertencer à potência mundial invencível acabara por sair reforçado de todas as provas que tivera de enfrentar.

Conclusão

A história do Império Romano é viva e atual. A existência de um imperialismo americano contemporâneo, aguilhão para a reflexão histórica, não encontrou nele nem causa e nem modelo. Certamente o historiador, qualquer que seja sua especialidade, não pode fazer abstração do que existe debaixo de seus olhos, mas tem também o dever de assumir um efeito de distanciamento e de assinalar as diferenças, pelo menos para evitar uma utilização abusiva e deformada da história. A historiografia pode e deve esterilizar a pesquisa. Ela é uma escola de modéstia e de prudência quando posta a serviço de uma exigência crítica do historiador sobre o que ele empreende e produz. A atualidade do Império Romano reside no fato de que seu estudo nos dias de hoje exprime as tendências globais da historiografia, tanto em questões de erudição (o latim e o grego são línguas vivas, porque novas palavras aparecem a cada ano através da descoberta de novas inscrições ou pela leitura de papiros) como de exploração de territórios novos, ou ainda no campo das interpretações e de suas reavaliações.

Nem um sucesso admirável, nem uma derrota inevitável, a história da dominação mundial de Roma é principalmente o resultado de uma duração excepcional com relação à de outros impérios. A construção imperial resiste, além disso, à descrição de esquemas cômodos, porque ela combinava, na busca de uma forma de governo inédito e eficaz, heranças e antecipações, mediante uma dosagem desigual e descontínua de um registro ao outro. A nova organização instaurada por Augusto permitiu estabelecer a paz favorável ao desenvolvimento de experiências políticas, sociais, culturais e religiosas variadas e surpreendentes. O Estado modernizado, a monarquia protegida pelo céu, a idéia da cidadania como fonte da liberdade, a questão dos relacionamentos entre o privado e o público, a integração dos estrangeiros, a importância do direito e da justiça, a busca da eficiência administrativa e militar, o emprego sistemático da escrita a serviço do poder, tudo isso atesta que os germes foram fecundos e as impressões profundas, e justifica a fascinação contínua que a história de Roma exerceu durante todas as épocas posteriores. O exotismo do Império Romano perante nossos olhares do século XXI não é menos real. As sociedades que ele abrigava não tinham as mesmas concepções que adotamos sobre os poderes humano e divino, a felicidade, o destino, a vida em comum, o progresso ou a morte. A razão tirava sua eficácia da ação, da prática e da experiência.

O período tratado aqui foi o da pujança imperial, ameaçada seriamente no final, mas ainda capaz de resistir vitoriosamente. Tanto no exterior do Império como em seu interior, novas forças realizaram assaltos repetidos para tentar impor poderes novos e novas formas de organização social e política. Os métodos romanos e as realidades cotidianas incitavam alguns a se afastar de uma dominação que entendiam como injusta e insuportável. Nem apunhalado pelas costas, nem apodrecido por dentro em decorrência de males irremediáveis, o Império de Roma – desprovido de um princípio forte de unificação que, de certo modo, seria anacrônico – foi desaparecendo apenas lentamente, sobretudo vítima das conseqüências de uma competição antiga e incessante que ele mesmo nutria em virtude de seu domínio prolongado e indefinido do mundo conhecido e, sem dúvida também, até certo ponto, do apego obstinado das comunidades à sua liberdade.

Bibliografia

Os títulos em francês e as obras de síntese recentes foram voluntariamente privilegiados. Os trabalhos mencionados permitirão dirigir-se aos artigos e livros que tiveram importância na historiografia do tema durante os últimos trinta anos.

ANDREAU, J. *Banques et affaires dans le monde romain, siècle IV av. J.-C – siècle III apr. J.-C.* Paris: Le Seuil, "Points H285", 2001.

BEARD, M.; NORTH, J.; PRICE, S. *Religions of Rome, vol 1: A History, vol 2: A Sourcebook*. New York: Cambridge University Press, 1998.

BELAYCHE, N. (editor). *Rome, les Césars et la Ville aux deux premiers siècles de notre ère*. Rennes: PUR, 2001.

CARRIÉ, J.-M.; ROUSSELLE, A. *L'Empire romain en mutation des Sévères à Constantin, 192-337*. Paris: Le Seuil, "Points H221", 1999.

CHASTAGNOL, A. *Le sénat romain à l'époque imperiale. Recherches sur la composition de l'Assemblée et le statut de ses membres*. Paris: Les Belles Lettres, "Histoire", 1992.

CHRISTOL, M. *L'Empire romain du IIIe. siècle. Histoire politique, 192-325 après J.-C.*. Paris: Éditions Errance, 1997.

CHOUQUER, G.; FAVORY, F. *L'arpentage romain. Histoire des textes, droit, techniques*. Paris: Éditions Errance, 2001.

COARELLI, F. *Guide archéologique de Rome*. Paris: Hachette Littératures, 2001.

COSME, P. *L'État romain entre éclatement e continuité. L'Empire romain de 192 à 325*. Paris: Seli Arslan, 1998.

FERRARY, J.-L. À propos des pouvoirs d'Auguste. *Cahiers du Centre Gustave Glotz*, 12, 2001, pp. 101-154.

GOLDSWORTHY, A. *Les guerres romaines, 280 av. J.-C. – 476 apr. J.-C.*. Paris: Ed. Autrement, "Atlas des guerres", 2001.

HUMBERT, M., *Institutions politiques et sociales de l'Antiquité*. Paris: Dalloz, 6 ed., 1997.

INGLEBERT, H. (editor). *Idéologies et valeurs civiques dans le Monde romain, Hommage à Claude Lepelley*. Paris: Picard, 2002.

JACQUES, F.; SCHEID, J. *Rome et l'intégration de l'Empire, 44 av. J.-C – 260 apr. J.-C., t. 1: Les structures de l'Empire romain*. Paris: PUF, "Nouvelle Clio", 1990.

LE BOHEC, Y. *L'armée romaine sous le Haut-Empire*. Paris: Picard, 3 ed., 1998 [1989].

LE ROUX, P. *Le Haut-Empire romain en Occident d'Auguste aux Sévères*. Paris: Le Seuil, "Points H219", 2003.

LE ROUX, P. *La romanisation en question, Annales Histoire, Sciences Sociales*. 59, 2004, pp. 287-311.

LEPELLEY, C. *Rome et l'intégration de l'Empire, 44 av. J.-C – 260 apr. J.-C., t. 2: Approches regionales du Haut-Empire romain*. Paris: PUF, "Nouvelle Clio", 1998.

LORIOT, X.; NONY, D. *La crise de l'Empire romain. 235-285*. Paris: Armand Colin, "U", 1997.

MACMULLEN, R. *La romanisation à l'époque d'Auguste*. Paris: Les Belles Lettres, "Histoire", 2003.

MARTIN, J.-P.; CHAUVOT, A.; CÉBEILLAC-GERVASONI, M., *Histoire romaine*. Paris: Armand Colin, "U", 2001.

MÉLÈZE-MODRZEJWSKI, J. *Les juifs d'Égypte de Ramsès II à Hadrien*. Paris: Armand Colin, "Civilisations U", 1991.

MILLAR, F. *The Emperor in the Roman World, 31 BC – 337 AD*. Londres: Duckworth, 2 ed., 1992.

NELIS-CLÉMENT, J. *Les beneficiarii: militaires e administrateurs au service de l'Empire (siècle I av. J.-C. – siècle VI apr. J.-C.)*. Bordéus, 2000 (Ausonius-Études, 5).

NICOLET, C. *L'inventaire du monde. Géographie et politique aux origines de l'Empire romain*. Paris: Fayard, 1988.

PRICE, S. *Rituals and Power: The Roman Imperial Cult in Asia Minor*. Cambridge: Cambridge University Press, 1984.

SARTRE, M. *L'Asie Mineure et l'Anatolie d'Alexandre à Dioclétien, siècle IV av. J.-C. – Siècle III apr. J.-C.*. Paris: Armand Colin, "U", 1995.

SARTRE, M. *Le Haut-Empire romain, Les provinces de Méditerranée orientale d'Auguste aux Sévères*. Paris: Le Seuil, "Points H220", 1997.

SCHEID, J. *La religion des Romains*. Paris: Armand Colin, "U", 1998.

TARPIN, M. *Roma Fortunata: Identité et mutations d'une ville éternelle*. Dijon-Quétigny, In Folio, 2001.

VAN ANDRINGA, W. *La religion en Gaule romaine. Piété et Politique (Ier. – IIIe. siècles après J.-C.*. Paris: Errance, 2002.

VEYNE, P. *La société romaine*. Paris: Le Seuil, "Points H28", 2001.

WOLFF, C. *Les brigands en Orient sous le Haut-Empire Romain*. Roma: 2003 (CEFR-308).

WOOLF, G. *Becoming Roman. The Origins of Provincial Civilization in Gaul*. Cambridge, New York: Cambridge University Press, 1998.

WOOLF, G. (editor parcial). *Cambridge Illustrated History of the Roman World*. Cambridge: Cambridge University Press, 2003.

Coleção **L&PM** POCKET

1. **Catálogo geral da Coleção**
2. **Poesias** – Fernando Pessoa
3. **O livro dos sonetos** – org. Sergio Faraco
4. **Hamlet** – Shakespeare / trad. Millôr
5. **Isadora, frag. autobiográficos** – Isadora Duncan
6. **Histórias sicilianas** – G. Lampedusa
7. **O relato de Arthur Gordon Pym** – Edgar A. Poe
8. **A mulher mais linda da cidade** – Bukowski
9. **O fim de Montezuma** – Hernan Cortez
10. **A ninfomania** – D. T. Bienville
11. **As aventuras de Robinson Crusoé** – D. Defoe
12. **Histórias de amor** – A. Bioy Casares
13. **Armadilha mortal** – Roberto Arlt
14. **Contos de fantasmas** – Daniel Defoe
15. **Os pintores cubistas** – G. Apollinaire
16. **A morte de Ivan Ilitch** – L.Tolstói
17. **A desobediência civil** – D. H. Thoreau
18. **Liberdade, liberdade** – F. Rangel e M. Fernandes
19. **Cem sonetos de amor** – Pablo Neruda
20. **Mulheres** – Eduardo Galeano
21. **Cartas a Théo** – Van Gogh
22. **Don Juan** – Molière / Trad. Millôr Fernandes
24. **Horla** – Guy de Maupassant
25. **O caso de Charles Dexter Ward** – Lovecraft
26. **Vathek** – William Beckford
27. **Hai-Kais** – Millôr Fernandes
28. **Adeus, minha adorada** – Raymond Chandler
29. **Cartas portuguesas** – Mariana Alcoforado
30. **A mensageira das violetas** – Florbela Espanca
31. **Espumas flutuantes** – Castro Alves
32. **Dom Casmurro** – Machado de Assis
34. **Alves & Cia.** – Eça de Queiroz
35. **Uma temporada no inferno** – A. Rimbaud
36. **A corresp. de Fradique Mendes** – Eça de Queiroz
38. **Antologia poética** – Olavo Bilac
39. **O rei Lear** – Shakespeare
40. **Memórias póstumas de Brás Cubas** – M. de Assis
41. **Que loucura!** – Woody Allen
42. **O duelo** – Casanova
44. **Gentidades** – Darcy Ribeiro
45. **Mem. de um Sarg. de Milícias** – M. A. de Almeida
46. **Os escravos** – Castro Alves
47. **O desejo pego pelo rabo** – Pablo Picasso
48. **Os inimigos** – Máximo Gorki
49. **O colar de veludo** – Alexandre Dumas
50. **Livro dos bichos** – Vários
51. **Quincas Borba** – Machado de Assis
53. **O exército de um homem só** – Moacyr Scliar
54. **Frankenstein** – Mary Shelley
55. **Dom Segundo Sombra** – Ricardo Güiraldes
56. **De vagões e vagabundos** – Jack London
57. **O homem bicentenário** – Isaac Asimov
58. **A viuvinha** – José de Alencar
59. **Livro das cortesãs** – org. de Sergio Faraco
60. **Últimos poemas** – Pablo Neruda
61. **A moreninha** – Joaquim Manuel de Macedo
62. **Cinco minutos** – José de Alencar
63. **Saber envelhecer e a amizade** – Cícero
64. **Enquanto a noite não chega** – J. Guimarães
65. **Tufão** – Joseph Conrad
66. **Aurélia** – Gérard de Nerval
67. **I-Juca-Pirama** – Gonçalves Dias
68. **Fábulas** – Esopo
69. **Teresa Filósofa** – Anônimo do Séc. XVIII
70. **Avent. inéditas de Sherlock Holmes** – A. C. Doyle
71. **Quintana de bolso** – Mario Quintana
72. **Antes e depois** – Paul Gauguin
73. **A morte de Olivier Bécaille** – Émile Zola
74. **Iracema** – José de Alencar
75. **Iaiá Garcia** – Machado de Assis
76. **Utopia** – Tomás Morus
77. **Sonetos para amar o amor** – Camões
78. **Carmem** – Prosper Mérimée
79. **Senhora** – José de Alencar
80. **Hagar, o horrível 1** – Dik Browne
81. **O coração das trevas** – Joseph Conrad
82. **Um estudo em vermelho** – Arthur Conan Doyle
83. **Todos os sonetos** – Augusto dos Anjos
84. **A propriedade é um roubo** – P.-J. Proudhon
85. **Drácula** – Bram Stoker
86. **O marido complacente** – Sade
87. **De profundis** – Oscar Wilde
88. **Sem plumas** – Woody Allen
89. **Os bruzundangas** – Lima Barreto
90. **O cão dos Baskervilles** – Arthur Conan Doyle
91. **Paraísos artificiais** – Charles Baudelaire
92. **Cândido, ou o otimismo** – Voltaire
93. **Triste fim de Policarpo Quaresma** – Lima Barreto
94. **Amor de perdição** – Camilo Castelo Branco
95. **A megera domada** – Shakespeare / trad. Millôr
96. **O mulato** – Aluísio Azevedo
97. **O alienista** – Machado de Assis
98. **O livro dos sonhos** – Jack Kerouac
99. **Noite na taverna** – Álvares de Azevedo
100. **Aura** – Carlos Fuentes
102. **Contos gauchescos e Lendas do sul** – Simões Lopes Neto
103. **O cortiço** – Aluísio Azevedo
104. **Marília de Dirceu** – T. A. Gonzaga
105. **O Primo Basílio** – Eça de Queiroz
106. **O ateneu** – Raul Pompéia
107. **Um escândalo na Boêmia** – Arthur Conan Doyle
108. **Contos** – Machado de Assis
109. **200 Sonetos** – Luis Vaz de Camões
110. **O príncipe** – Maquiavel
111. **A escrava Isaura** – Bernardo Guimarães
112. **O solteirão nobre** – Conan Doyle
114. **Shakespeare de A a Z** – Shakespeare
115. **A relíquia** – Eça de Queiroz
117. **Livro do corpo** – Vários
118. **Lira dos 20 anos** – Álvares de Azevedo
119. **Esaú e Jacó** – Machado de Assis
120. **A barcarola** – Pablo Neruda
121. **Os conquistadores** – Júlio Verne
122. **Contos breves** – G. Apollinaire
123. **Taipi** – Herman Melville
124. **Livro dos desaforos** – org. de Sergio Faraco
125. **A mão e a luva** – Machado de Assis

126.**Doutor Miragem** – Moacyr Scliar
127.**O penitente** – Isaac B. Singer
128.**Diários da descoberta da América** – C.Colombo
129.**Édipo Rei** – Sófocles
130.**Romeu e Julieta** – Shakespeare
131.**Hollywood** – Charles Bukowski
132.**Billy the Kid** – Pat Garrett
133.**Cuca fundida** – Woody Allen
134.**O jogador** – Dostoiévski
135.**O livro da selva** – Rudyard Kipling
136.**O vale do terror** – Arthur Conan Doyle
137.**Dançar tango em Porto Alegre** – S. Faraco
138.**O gaúcho** – Carlos Reverbel
139.**A volta ao mundo em oitenta dias** – J. Verne
140.**O livro dos esnobes** – W. M. Thackeray
141.**Amor & morte em Poodle Springs** – Raymond Chandler & R. Parker
142.**As aventuras de David Balfour** – Stevenson
143.**Alice no país das maravilhas** – Lewis Carroll
144.**A ressurreição** – Machado de Assis
145.**Inimigos, uma história de amor** – I. Singer
146.**O Guarani** – José de Alencar
147.**A cidade e as serras** – Eça de Queiroz
148.**Eu e outras poesias** – Augusto dos Anjos
149.**A mulher de trinta anos** – Balzac
150.**Pomba enamorada** – Lygia F. Telles
151.**Contos fluminenses** – Machado de Assis
152.**Antes de Adão** – Jack London
153.**Intervalo amoroso** – A.Romano de Sant'Anna
154.**Memorial de Aires** – Machado de Assis
155.**Naufrágios e comentários** – Cabeza de Vaca
156.**Ubirajara** – José de Alencar
157.**Textos anarquistas** – Bakunin
159.**Amor de salvação** – Camilo Castelo Branco
160.**O gaúcho** – José de Alencar
161.**O livro das maravilhas** – Marco Polo
162.**Inocência** – Visconde de Taunay
163.**Helena** – Machado de Assis
164.**Uma estação de amor** – Horácio Quiroga
165.**Poesia reunida** – Martha Medeiros
166.**Memórias de Sherlock Holmes** – Conan Doyle
167.**A vida de Mozart** – Stendhal
168.**O primeiro terço** – Neal Cassady
169.**O mandarim** – Eça de Queiroz
170.**Um espinho de marfim** – Marina Colasanti
171.**A ilustre Casa de Ramires** – Eça de Queiroz
172.**Lucíola** – José de Alencar
173.**Antígona** – Sófocles – trad. Donaldo Schüler
174.**Otelo** – William Shakespeare
175.**Antologia** – Gregório de Matos
176.**A liberdade de imprensa** – Karl Marx
177.**Casa de pensão** – Aluísio Azevedo
178.**São Manuel Bueno, Mártir** – Unamuno
179.**Primaveras** – Casimiro de Abreu
180.**O noviço** – Martins Pena
181.**O sertanejo** – José de Alencar
182.**Eurico, o presbítero** – Alexandre Herculano
183.**O signo dos quatro** – Conan Doyle
184.**Sete anos no Tibet** – Heinrich Harrer
185.**Vagamundo** – Eduardo Galeano
186.**De repente acidentes** – Carl Solomon
187.**As minas de Salomão** – Rider Haggar
188.**Uivo** – Allen Ginsberg
189.**A ciclista solitária** – Conan Doyle
190.**Os seis bustos de Napoleão** – Conan Doyle
191.**Cortejo do divino** – Nelida Piñon
194.**Os crimes do amor** – Marquês de Sade
195.**Besame Mucho** – Mário Prata
196.**Tuareg** – Alberto Vázquez-Figueroa
197.**O longo adeus** – Raymond Chandler
199.**Notas de um velho safado** – C. Bukowski
200.**111 ais** – Dalton Trevisan
201.**O nariz** – Nicolai Gogol
202.**O capote** – Nicolai Gogol
203.**Macbeth** – William Shakespeare
204.**Heráclito** – Donaldo Schüler
205.**Você deve desistir, Osvaldo** – Cyro Martins
206.**Memórias de Garibaldi** – A. Dumas
207.**A arte da guerra** – Sun Tzu
208.**Fragmentos** – Caio Fernando Abreu
209.**Festa no castelo** – Moacyr Scliar
210.**O grande deflorador** – Dalton Trevisan
212.**Homem do princípio ao fim** – Millôr Fernandes
213.**Aline e seus dois namorados (1)** – A. Iturrusgarai
214.**A juba do leão** – Sir Arthur Conan Doyle
215.**Assassino metido a esperto** – R. Chandler
216.**Confissões de um comedor de ópio** – T.De Quincey
217.**Os sofrimentos do jovem Werther** – Goethe
218.**Fedra** – Racine / Trad. Millôr Fernandes
219.**O vampiro de Sussex** – Conan Doyle
220.**Sonho de una noite de verão** – Shakespeare
221.**Dias e noites de amor e de guerra** – Galeano
222.**O Profeta** – Khalil Gibran
223.**Flávia, cabeça, tronco e membros** – M. Fernandes
224.**Guia da ópera** – Jeanne Suhamy
225.**Macário** – Álvares de Azevedo
226.**Etiqueta na prática** – Celia Ribeiro
227.**Manifesto do partido comunista** – Marx & Engels
228.**Poemas** – Millôr Fernandes
229.**Um inimigo do povo** – Henrik Ibsen
230.**O paraíso destruído** – Frei B. de las Casas
231.**O gato no escuro** – Josué Guimarães
232.**O mágico de Oz** – L. Frank Baum
233.**Armas no Cyrano's** – Raymond Chandler
234.**Max e os felinos** – Moacyr Scliar
235.**Nos céus de Paris** – Alcy Cheuiche
236.**Os bandoleiros** – Schiller
237.**A primeira coisa que eu botei na boca** – Deonísio da Silva
238.**As aventuras de Simbad, o marújo**
239.**O retrato de Dorian Gray** – Oscar Wilde
240.**A carteira de meu tio** – J. Manuel de Macedo
241.**A luneta mágica** – J. Manuel de Macedo
242.**A metamorfose** – Kafka
243.**A flecha de ouro** – Joseph Conrad
244.**A ilha do tesouro** – R. L. Stevenson
245.**Marx - Vida & Obra** – José A. Giannotti
246.**Gênesis**
247.**Unidos para sempre** – Ruth Rendell
248.**A arte de amar** – Ovídio
249.**O sono eterno** – Raymond Chandler
250.**Novas receitas do Anonymus Gourmet** – J.A.P.M.
251.**A nova catacumba** – Arthur Conan Doyle
252.**Dr. Negro** – Arthur Conan Doyle
253.**Os voluntários** – Moacyr Scliar
254.**A bela adormecida** – Irmãos Grimm

255.**O príncipe sapo** – Irmãos Grimm
256.**Confissões** *e* **Memórias** – H. Heine
257.**Viva o Alegrete** – Sergio Faraco
258.**Vou estar esperando** – R. Chandler
259.**A senhora Beate e seu filho** – Schnitzler
260.**O ovo apunhalado** – Caio Fernando Abreu
261.**O ciclo das águas** – Moacyr Scliar
262.**Millôr Definitivo** – Millôr Fernandes
264.**Viagem ao centro da Terra** – Júlio Verne
265.**A dama do lago** – Raymond Chandler
266.**Caninos brancos** – Jack London
267.**O médico e o monstro** – R. L. Stevenson
268.**A tempestade** – William Shakespeare
269.**Assassinatos na rua Morgue** – E. Allan Poe
270.**99 corruíras nanicas** – Dalton Trevisan
271.**Broquéis** – Cruz e Sousa
272.**Mês de cães danados** – Moacyr Scliar
273.**Anarquistas – vol. 1 – A idéia** – G. Woodcock
274.**Anarquistas – vol. 2 – O movimento** – G. Woodcock
275.**Pai e filho, filho e pai** – Moacyr Scliar
276.**As aventuras de Tom Sawyer** – Mark Twain
277.**Muito barulho por nada** – W. Shakespeare
278.**Elogio da loucura** – Erasmo
279.**Autobiografia de Alice B. Toklas** – G. Stein
280.**O chamado da floresta** – J. London
281.**Uma agulha para o diabo** – Ruth Rendell
282.**Verdes vales do fim do mundo** – A. Bivar
283.**Ovelhas negras** – Caio Fernando Abreu
284.**O fantasma de Canterville** – O. Wilde
285.**Receitas de Yayá Ribeiro** – Celia Ribeiro
286.**A galinha degolada** – H. Quiroga
287.**O último adeus de Sherlock Holmes** – A. Conan Doyle
288.**A. Gourmet** *em* **Histórias de cama & mesa** – J. A. Pinheiro Machado
289.**Topless** – Martha Medeiros
290.**Mais receitas do Anonymus Gourmet** – J. A. Pinheiro Machado
291.**Origens do discurso democrático** – D. Schüler
292.**Humor politicamente incorreto** – Nani
293.**O teatro do bem e do mal** – E. Galeano
294.**Garibaldi & Manoela** – J. Guimarães
295.**10 dias que abalaram o mundo** – John Reed
296.**Numa fria** – Charles Bukowski
297.**Poesia de Florbela Espanca** vol. 1
298.**Poesia de Florbela Espanca** vol. 2
299.**Escreva certo** – E. Oliveira e M. E. Bernd
300.**O vermelho e o negro** – Stendhal
301.**Ecce homo** – Friedrich Nietzsche
302(7).**Comer bem, sem culpa** – Dr. Fernando Lucchese, A. Gourmet e Iotti
303.**O livro de Cesário Verde** – Cesário Verde
305.**100 receitas de macarrão** – S. Lancellotti
306.**160 receitas de molhos** – S. Lancellotti
307.**100 receitas light** – H. e Â. Tonetto
308.**100 receitas de sobremesas** – Celia Ribeiro
309.**Mais de 100 dicas de churrasco** – Leon Diziekaniak
310.**100 receitas de acompanhamentos** – C. Cabeda
311.**Honra ou vendetta** – S. Lancellotti
312.**A alma do homem sob o socialismo** – Oscar Wilde
313.**Tudo sobre Yôga** – Mestre De Rose
314.**Os varões assinalados** – Tabajara Ruas
315.**Édipo em Colono** – Sófocles
316.**Lisístrata** – Aristófanes / trad. Millôr
317.**Sonhos de Bunker Hill** – John Fante
318.**Os deuses de Raquel** – Moacyr Scliar
319.**O colosso de Marússia** – Henry Miller
320.**As eruditas** – Molière / trad. Millôr
321.**Radicci 1** – Iotti
322.**Os Sete contra Tebas** – Ésquilo
323.**Brasil Terra à vista** – Eduardo Bueno
324.**Radicci 2** – Iotti
325.**Júlio César** – William Shakespeare
326.**A carta de Pero Vaz de Caminha**
327.**Cozinha Clássica** – Sílvio Lancellotti
328.**Madame Bovary** – Gustave Flaubert
329.**Dicionário do viajante insólito** – M. Scliar
330.**O capitão saiu para o almoço...** – Bukowski
331.**A carta roubada** – Edgar Allan Poe
332.**É tarde para saber** – Josué Guimarães
333.**O livro de bolso da Astrologia** – Maggy Harrisonx e Mellina Li
334.**1933 foi um ano ruim** – John Fante
335.**100 receitas de arroz** – Aninha Comas
336.**Guia prático do Português correto – vol. 1** – Cláudio Moreno
337.**Bartleby, o escriturário** – H. Melville
338.**Enterrem meu coração na curva do rio** – Dee Brown
339.**Um conto de Natal** – Charles Dickens
340.**Cozinha sem segredos** – J. A. P. Machado
341.**A dama das Camélias** – A. Dumas Filho
342.**Alimentação saudável** – H. e Â. Tonetto
343.**Continhos galantes** – Dalton Trevisan
344.**A Divina Comédia** – Dante Alighieri
345.**A Dupla Sertanojo** – Santiago
346.**Cavalos do amanhecer** – Mario Arregui
347.**Biografia de Vincent van Gogh por sua cunhada** – Jo van Gogh-Bonger
348.**Radicci 3** – Iotti
349.**Nada de novo no front** – E. M. Remarque
350.**A hora dos assassinos** – Henry Miller
351.**Flush - Memórias de um cão** – Virginia Woolf
352.**A guerra no Bom Fim** – M. Scliar
353(1).**O caso Saint-Fiacre** – Simenon
354(2).**Morte na alta sociedade** – Simenon
355(3).**O cão amarelo** – Simenon
356(4).**Maigret e o homem do banco** – Simenon
357.**As uvas e o vento** – Pablo Neruda
358.**On the road** – Jack Kerouac
359.**O coração amarelo** – Pablo Neruda
360.**Livro das perguntas** – Pablo Neruda
361.**Noite de Reis** – William Shakespeare
362.**Manual de Ecologia** – vol.1 – J. Lutzenberger
363.**O mais longo dos dias** – Cornelius Ryan
364.**Foi bom prá você?** – Nani
365.**Crepusculário** – Pablo Neruda
366.**A comédia dos erros** – Shakespeare
367(5).**A primeira investigação de Maigret** – Simenon
368(6).**As férias de Maigret** – Simenon
369.**Mate-me por favor (vol.1)** – L. McNeil
370.**Mate-me por favor (vol.2)** – L. McNeil
371.**Carta ao pai** – Kafka
372.**Os vagabundos iluminados** – J. Kerouac
373(7).**O enforcado** – Simenon

374(8).**A fúria de Maigret** – Simenon
375.**Vargas, uma biografia política** – H. Silva
376.**Poesia reunida (vol.1)** – A. R. de Sant'Anna
377.**Poesia reunida (vol.2)** – A. R. de Sant'Anna
378.**Alice no país do espelho** – Lewis Carroll
379.**Residência na Terra 1** – Pablo Neruda
380.**Residência na Terra 2** – Pablo Neruda
381.**Terceira Residência** – Pablo Neruda
382.**O delírio amoroso** – Bocage
383.**Futebol ao sol e à sombra** – E. Galeano
384(9).**O porto das brumas** – Simenon
385(10).**Maigret e seu morto** – Simenon
386.**Radicci 4** – Iotti
387.**Boas maneiras & sucesso nos negócios** – Celia Ribeiro
388.**Uma história Farroupilha** – M. Scliar
389.**Na mesa ninguém envelhece** – J. A. P. Machado
390.**200 receitas inéditas do Anonymus Gourmet** – J. A. Pinheiro Machado
391.**Guia prático do Português correto – vol.2** – Cláudio Moreno
392.**Breviário das terras do Brasil** – Assis Brasil
393.**Cantos Cerimoniais** – Pablo Neruda
394.**Jardim de Inverno** – Pablo Neruda
395.**Antonio e Cleópatra** – William Shakespeare
396.**Tróia** – Cláudio Moreno
397.**Meu tio matou um cara** – Jorge Furtado
398.**O anatomista** – Federico Andahazi
399.**As viagens de Gulliver** – Jonathan Swift
400.**Dom Quixote –** (v. 1) – Miguel de Cervantes
401.**Dom Quixote –** (v. 2) – Miguel de Cervantes
402.**Sozinho no Pólo Norte** – Thomaz Brandolin
403.**Matadouro 5** – Kurt Vonnegut
404.**Delta de Vênus** – Anaïs Nin
405.**O melhor de Hagar 2** – Dik Browne
406.**É grave Doutor?** – Nani
407.**Orai pornô** – Nani
408(11).**Maigret em Nova York** – Simenon
409(12).**O assassino sem rosto** – Simenon
410(13).**O mistério das jóias roubadas** – Simenon
411.**A irmãzinha** – Raymond Chandler
412.**Três contos** – Gustave Flaubert
413.**De ratos e homens** – John Steinbeck
414.**Lazarilho de Tormes** – Anônimo do séc. XVI
415.**Triângulo das águas** – Caio Fernando Abreu
416.**100 receitas de carnes** – Sílvio Lancellotti
417.**Histórias de robôs:** vol. 1 – org. Isaac Asimov
418.**Histórias de robôs:** vol. 2 – org. Isaac Asimov
419.**Histórias de robôs:** vol. 3 – org. Isaac Asimov
420.**O país dos centauros** – Tabajara Ruas
421.**A república de Anita** – Tabajara Ruas
422.**A carga dos lanceiros** – Tabajara Ruas
423.**Um amigo de Kafka** – Isaac Singer
424.**As alegres matronas de Windsor** – Shakespeare
425.**Amor e exílio** – Isaac Bashevis Singer
426.**Use & abuse do seu signo** – Marília Fiorillo e Marylou Simonsen
427.**Pigmaleão** – Bernard Shaw
428.**As fenícias** – Eurípides
429.**Everest** – Thomaz Brandolin
430.**A arte de furtar** – Anônimo do séc. XVI
431.**Billy Bud** – Herman Melville
432.**A rosa separada** – Pablo Neruda
433.**Elegia** – Pablo Neruda
434.**A garota de Cassidy** – David Goodis
435.**Como fazer a guerra: máximas de Napoleão** – Balzac
436.**Poemas escolhidos** – Emily Dickinson
437.**Gracias por el fuego** – Mario Benedetti
438.**O sofá** – Crébillon Fils
439.**O "Martín Fierro"** – Jorge Luis Borges
440.**Trabalhos de amor perdidos** – W. Shakespeare
441.**O melhor de Hagar 3** – Dik Browne
442.**Os Maias (volume1)** – Eça de Queiroz
443.**Os Maias (volume2)** – Eça de Queiroz
444.**Anti-Justine** – Restif de La Bretonne
445.**Juventude** – Joseph Conrad
446.**Contos** – Eça de Queiroz
447.**Janela para a morte** – Raymond Chandler
448.**Um amor de Swann** – Marcel Proust
449.**À paz perpétua** – Immanuel Kant
450.**A conquista do México** – Hernan Cortez
451.**Defeitos escolhidos e 2000** – Pablo Neruda
452.**O casamento do céu e do inferno** – William Blake
453.**A primeira viagem ao redor do mundo** – Antonio Pigafetta
454(14).**Uma sombra na janela** – Simenon
455(15).**A noite da encruzilhada** – Simenon
456(16).**A velha senhora** – Simenon
457.**Sartre** – Annie Cohen-Solal
458.**Discurso do método** – René Descartes
459.**Garfield em grande forma (1)** – Jim Davis
460.**Garfield está de dieta** (2) – Jim Davis
461.**O livro das feras** – Patricia Highsmith
462.**Viajante solitário** – Jack Kerouac
463.**Auto da barca do inferno** – Gil Vicente
464.**O livro vermelho dos pensamentos de Millôr** – Millôr Fernandes
465.**O livro dos abraços** – Eduardo Galeano
466.**Voltaremos!** – José Antonio Pinheiro Machado
467.**Rango** – Edgar Vasques
468(8).**Dieta mediterrânea** – Dr. Fernando Lucchese e José Antonio Pinheiro Machado
469.**Radicci 5** – Iotti
470.**Pequenos pássaros** – Anaïs Nin
471.**Guia prático do Português correto – vol.3** – Cláudio Moreno
472.**Atire no pianista** – David Goodis
473.**Antologia Poética** – García Lorca
474.**Alexandre e César** – Plutarco
475.**Uma espiã na casa do amor** – Anaïs Nin
476.**A gorda do Tiki Bar** – Dalton Trevisan
477.**Garfield um gato de peso (3)** – Jim Davis
478.**Canibais** – David Coimbra
479.**A arte de escrever** – Arthur Schopenhauer
480.**Pinóquio** – Carlo Collodi
481.**Misto-quente** – Charles Bukowski
482.**A lua na sarjeta** – David Goodis
483.**O melhor do Recruta Zero (1)** – Mort Walker
484.**Aline: TPM – tensão pré-monstrual (2)** – Adão Iturrusgarai
485.**Sermões do Padre Antonio Vieira**
486.**Garfield numa boa (4)** – Jim Davis
487.**Mensagem** – Fernando Pessoa
488.**Vendeta** *seguido de* **A paz conjugal** – Balzac
489.**Poemas de Alberto Caeiro** – Fernando Pessoa

490.**Ferragus** – Honoré de Balzac
491.**A duquesa de Langeais** – Honoré de Balzac
492.**A menina dos olhos de ouro** – Honoré de Balzac
493.**O lírio do vale** – Honoré de Balzac
494(17).**A barcaça da morte** – Simenon
495(18).**As testemunhas rebeldes** – Simenon
496(19).**Um engano de Maigret** – Simenon
497(1).**A noite das bruxas** – Agatha Christie
498(2).**Um passe de mágica** – Agatha Christie
499(3).**Nêmesis** – Agatha Christie
500.**Esboço para uma teoria das emoções** – Sartre
501.**Renda básica de cidadania** – Eduardo Suplicy
502(1).**Pílulas para viver melhor** – Dr. Lucchese
503(2).**Pílulas para prolongar a juventude** – Dr. Lucchese
504(3).**Desembarcando o diabetes** – Dr. Lucchese
505(4).**Desembarcando o sedentarismo** – Dr. Fernando Lucchese e Cláudio Castro
506(5).**Desembarcando a hipertensão** – Dr. Lucchese
507(6).**Desembarcando o colesterol** – Dr. Fernando Lucchese e Fernanda Lucchese
508.**Estudos de mulher** – Balzac
509.**O terceiro tira** – Flann O'Brien
510.**100 receitas de aves e ovos** – J. A. P. Machado
511.**Garfield em toneladas de diversão** (5) – Jim Davis
512.**Trem-bala** – Martha Medeiros
513.**Os cães ladram** – Truman Capote
514.**O Kama Sutra de Vatsyayana**
515.**O crime do Padre Amaro** – Eça de Queiroz
516.**Odes de Ricardo Reis** – Fernando Pessoa
517.**O inverno da nossa desesperança** – Steinbeck
518.**Piratas do Tietê (1)** – Laerte
519.**Rê Bordosa: do começo ao fim** – Angeli
520.**O Harlem é escuro** – Chester Himes
521.**Café-da-manhã dos campeões** – Kurt Vonnegut
522.**Eugénie Grandet** – Balzac
523.**O último magnata** – F. Scott Fitzgerald
524.**Carol** – Patricia Highsmith
525.**100 receitas de patisseria** – Sílvio Lancellotti
526.**O fator humano** – Graham Greene
527.**Tristessa** – Jack Kerouac
528.**O diamante do tamanho do Ritz** – S. Fitzgerald
529.**As melhores histórias de Sherlock Holmes** – Arthur Conan Doyle
530.**Cartas a um jovem poeta** – Rilke
531(20).**Memórias de Maigret** – Simenon
532(4).**O misterioso sr. Quin** – Agatha Christie
533.**Os analectos** – Confúcio
534(21).**Maigret e os homens de bem** – Simenon
535(22).**O medo de Maigret** – Simenon
536.**Ascensão e queda de César Birotteau** – Balzac
537.**Sexta-feira negra** – David Goodis
538.**Ora bolas – O humor de Mario Quintana** – Juarez Fonseca
539.**Longe daqui aqui mesmo** – Antonio Bivar
540(5).**É fácil matar** – Agatha Christie
541.**O pai Goriot** – Balzac
542.**Brasil, um país do futuro** – Stefan Zweig
543.**O processo** – Kafka
544.**O melhor de Hagar 4** – Dik Browne
545(6).**Por que não pediram a Evans?** – Agatha Christie
546.**Fanny Hill** – John Cleland
547.**O gato por dentro** – William S. Burroughs
548.**Sobre a brevidade da vida** – Sêneca
549.**Geraldão (1)** – Glauco
550.**Piratas do Tietê (2)** – Laerte
551.**Pagando o pato** – Ciça
552.**Garfield de bom humor (6)** – Jim Davis
553.**Conhece o Mário?** vol.1 – Santiago
554.**Radicci 6** – Iotti
555.**Os subterrâneos** – Jack Kerouac
556(1).**Balzac** – François Taillandier
557(2).**Modigliani** – Christian Parisot
558(3).**Kafka** – Gérard-Georges Lemaire
559(4).**Júlio César** – Joël Schmidt
560.**Receitas da família** – J. A. Pinheiro Machado
561.**Boas maneiras à mesa** – Celia Ribeiro
562(9).**Filhos sadios, pais felizes** – R. Pagnoncelli
563(10).**Fatos & mitos** – Dr. Fernando Lucchese
564.**Ménage à trois** – Paula Taitelbaum
565.**Mulheres!** – David Coimbra
566.**Poemas de Álvaro de Campos** – Fernando Pessoa
567.**Medo e outras histórias** – Stefan Zweig
568.**Snoopy e sua turma (1)** – Schulz
569.**Piadas para sempre (1)** – Visconde da Casa Verde
570.**O alvo móvel** – Ross Macdonald
571.**O melhor do Recruta Zero (2)** – Mort Walker
572.**Um sonho americano** – Norman Mailer
573.**Os broncos também amam** – Angeli
574.**Crônica de um amor louco** – Bukowski
575(5).**Freud** – René Major e Chantal Talagrand
576(6).**Picasso** – Gilles Plazy
577(7).**Gandhi** – Christine Jordis
578.**A tumba** – H. P. Lovecraft
579.**O príncipe e o mendigo** – Mark Twain
580.**Garfield, um charme de gato (7)** – Jim Davis
581.**Ilusões perdidas** – Balzac
582.**Esplendores e misérias das cortesãs** – Balzac
583.**Walter Ego** – Angeli
584.**Striptiras (1)** – Laerte
585.**Fagundes: um puxa-saco de mão cheia** – Laerte
586.**Depois do último trem** – Josué Guimarães
587.**Ricardo III** – Shakespeare
588.**Dona Anja** – Josué Guimarães
589.**24 horas na vida de uma mulher** – Stefan Zweig
590.**O terceiro homem** – Graham Greene
591.**Mulher no escuro** – Dashiell Hammett
592.**No que acredito** – Bertrand Russell
593.**Odisséia (1): Telemaquia** – Homero
594.**O cavalo cego** – Josué Guimarães
595.**Henrique V** – Shakespeare
596.**Fabulário geral do delírio cotidiano** – Bukowski
597.**Tiros na noite 1: A mulher do bandido** – Dashiell Hammett
598.**Snoopy em Feliz Dia dos Namorados! (2)** – Schulz
599.**Mas não se matam cavalos?** – Horace McCoy
600.**Crime e castigo** – Dostoiévski
601(7).**Mistério no Caribe** – Agatha Christie
602.**Odisséia (2): Regresso** – Homero
603.**Piadas para sempre (2)** – Visconde da Casa Verde
604.**À sombra do vulcão** – Malcolm Lowry
605(8).**Kerouac** – Yves Buin
606.**E agora são cinzas** – Angeli
607.**As mil e uma noites** – Paulo Caruso
608.**Um assassino entre nós** – Ruth Rendell
609.**Crack-up** – F. Scott Fitzgerald

610.**Do amor** – Stendhal
611.**Cartas do Yage** – William Burroughs e Allen Ginsberg
612.**Striptiras (2)** – Laerte
613.**Henry & June** – Anaïs Nin
614.**A piscina mortal** – Ross Macdonald
615.**Geraldão (2)** – Glauco
616.**Tempo de delicadeza** – A. R. de Sant'Anna
617.**Tiros na noite 2: Medo de tiro** – Dashiell Hammett
618.**Snoopy em Assim é a vida, Charlie Brown! (3)** – Schulz
619.**1954 – Um tiro no coração** – Hélio Silva
620.**Sobre a inspiração poética (Íon)** e ... – Platão
621.**Garfield e seus amigos (8)** – Jim Davis
622.**Odisséia (3): Ítaca** – Homero
623.**A louca matança** – Chester Himes
624.**Factótum** – Charles Bukowski
625.**Guerra e Paz: volume 1** – Tolstói
626.**Guerra e Paz: volume 2** – Tolstói
627.**Guerra e Paz: volume 3** – Tolstói
628.**Guerra e Paz: volume 4** – Tolstói
629(9).**Shakespeare** – Claude Mourthé
630.**Bem está o que bem acaba** – Shakespeare
631.**O contrato social** – Rousseau
632.**Geração Beat** – Jack Kerouac
633.**Snoopy: É Natal! (4)** – Charles Schulz
634(8).**Testemunha da acusação** – Agatha Christie
635.**Um elefante no caos** – Millôr Fernandes
636.**Guia de leitura (100 autores que você precisa ler)** – Organização de Léa Masina
637.**Pistoleiros também mandam flores** – David Coimbra
638.**O prazer das palavras** – vol. 1 – Cláudio Moreno
639.**O prazer das palavras** – vol. 2 – Cláudio Moreno
640.**Novíssimo testamento: com Deus e o diabo, a dupla da criação** – Iotti
641.**Literatura Brasileira: modos de usar** – Luís Augusto Fischer
642.**Dicionário de Porto-Alegrês** – Luís A. Fischer
643.**Clô Dias & Noites** – Sérgio Jockymann
644.**Memorial de Isla Negra** – Pablo Neruda
645.**Um homem extraordinário e outras histórias** – Tchékhov
646.**Ana sem terra** – Alcy Cheuiche
647.**Adultérios** – Woody Allen
648.**Para sempre ou nunca mais** – R. Chandler
649.**Nosso homem em Havana** – Graham Greene
650.**Dicionário Caldas Aulete de Bolso**
651.**Snoopy: Posso fazer uma pergunta, professora? (5)** – Charles Schulz
652(10).**Luís XVI** – Bernard Vincent
653.**O mercador de Veneza** – Shakespeare
654.**Cancioneiro** – Fernando Pessoa
655.**Non-Stop** – Martha Medeiros
656.**Carpinteiros, levantem bem alto a cumeeira & Seymour, uma apresentação** – J.D.Salinger
657.**Ensaios céticos** – Bertrand Russell
658.**O melhor de Hagar 5** – Dik e Chris Browne
659.**Primeiro amor** – Ivan Turguêniev
660.**A trégua** – Mario Benedetti
661.**Um parque de diversões da cabeça** – Lawrence Ferlinghetti
662.**Aprendendo a viver** – Sêneca
663.**Garfield, um gato em apuros (9)** – Jim Davis
664.**Dilbert 1** – Scott Adams
665.**Dicionário de dificuldades** – Domingos Paschoal Cegalla
666.**A imaginação** – Jean-Paul Sartre
667.**O ladrão e os cães** – Naguib Mahfuz
668.**Gramática do português contemporâneo** – Celso Cunha
669.**A volta do parafuso** *seguido de* **Daisy Miller** – Henry James
670.**Notas do subsolo** – Dostoiévski
671.**Abobrinhas da Brasilônia** – Glauco
672.**Geraldão (3)** – Glauco
673.**Piadas para sempre (3)** – Visconde da Casa Verde
674.**Duas viagens ao Brasil** – Hans Staden
675.**Bandeira de bolso** – Manuel Bandeira
676.**A arte da guerra** – Maquiavel
677.**Além do bem e do mal** – Nietzsche
678.**O coronel Chabert** *seguido de* **A mulher abandonada** – Balzac
679.**O sorriso de marfim** – Ross Macdonald
680.**100 receitas de pescados** – Sílvio Lancellotti
681.**O juiz e seu carrasco** – Friedrich Dürrenmatt
682.**Noites brancas** – Dostoiévski
683.**Quadras ao gosto popular** – Fernando Pessoa
684.**Romanceiro da Inconfidência** – Cecília Meireles
685.**Kaos** – Millôr Fernandes
686.**A pele de onagro** – Balzac
687.**As ligações perigosas** – Choderlos de Laclos
688.**Dicionário de matemática** – Luiz Fernandes Cardoso
689.**Os Lusíadas** – Luís Vaz de Camões
690(11).**Átila** – Éric Deschodt
691.**Um jeito tranqüilo de matar** – Chester Himes
692.**A felicidade conjugal** *seguido de* **O diabo** – Tolstói
693.**Viagem de um naturalista ao redor do mundo** – vol. 1 – Charles Darwin
694.**Viagem de um naturalista ao redor do mundo** – vol. 2 – Charles Darwin
695.**Memórias da casa dos mortos** – Dostoiévski
696.**A Celestina** – Fernando de Rojas
697.**Snoopy: Como você é azarado, Charlie Brown! (6)** – Charles Schulz
698.**Dez (quase) amores** – Claudia Tajes
699(9).**Poirot sempre espera** – Agatha Christie
700.**Cecília de bolso** – Cecília Meireles
701.**Apologia de Sócrates** *precedido de* **Êutifron** e *seguido de* **Críton** – Platão
702.**Wood & Stock** – Angeli
703.**Striptiras (3)** – Laerte
704.**Discurso sobre a origem e os fundamentos da desigualdade entre os homens** – Rousseau
705.**Os duelistas** – Joseph Conrad
706.**Dilbert (2)** – Scott Adams
707.**Viver e escrever** (vol. 1) – Edla van Steen
708.**Viver e escrever** (vol. 2) – Edla van Steen
709.**Viver e escrever** (vol. 3) – Edla van Steen
710(10).**A teia da aranha** – Agatha Christie
711.**O banquete** – Platão
712.**Os belos e malditos** – F. Scott Fitzgerald
713.**Libelo contra a arte moderna** – Salvador Dalí

714.**Akropolis** – Valerio Massimo Manfredi
715.**Devoradores de mortos** – Michael Crichton
716.**Sob o sol da Toscana** – Frances Mayes
717.**Batom na cueca** – Nani
718.**Vida dura** – Claudia Tajes
719.**Carne trêmula** – Ruth Rendell
720.**Cris, a fera** – David Coimbra
721.**O anticristo** – Nietzsche
722.**Como um romance** – Daniel Pennac
723.**Emboscada no Forte Bragg** – Tom Wolfe
724.**Assédio sexual** – Michael Crichton
725.**O espírito do Zen** – Alan W.Watts
726.**Um bonde chamado desejo** – Tennessee Williams
727.**Como gostais** – Shakespeare
728.**Tratado sobre a tolerância** – Voltaire
729.**Snoopy: Doces ou travessuras? (7)** – Charles Schulz
730.**Cardápios do Anonymus Gourmet** – J.A. Pinheiro Machado
731.**100 receitas com lata** – J.A. Pinheiro Machado
732.**Conhece o Mário?** vol.2 – Santiago
733.**Dilbert (3)** – Scott Adams
734.**História de um louco amor** *seguido de* **Passado amor** – Horacio Quiroga
735(11).**Sexo: muito prazer** – Laura Meyer da Silva
736(12).**Para entender o adolescente** – Dr. Ronald Pagnoncelli
737(13).**Desembarcando a tristeza** – Dr. Fernando Lucchese
738.**Poirot e o mistério da arca espanhola & outras histórias** – Agatha Christie
739.**A última legião** – Valerio Massimo Manfredi
740.**As virgens suicidas** – Jeffrey Eugenides
741.**Sol nascente** – Michael Crichton
742.**Duzentos ladrões** – Dalton Trevisan
743.**Os devaneios do caminhante solitário** – Rousseau
744.**Garfield, o rei da preguiça (10)** – Jim Davis
745.**Os magnatas** – Charles R. Morris
746.**Pulp** – Charles Bukowski
747.**Enquanto agonizo** – William Faulkner
748.**Aline: viciada em sexo (3)** – Adão Iturrusgarai
749.**A dama do cachorrinho** – Anton Tchékhov
750.**Tito Andrônico** – Shakespeare
751.**Antologia poética** – Anna Akhmátova
752.**O melhor de Hagar 6** – Dik e Chris Browne
753(12).**Michelangelo** – Nadine Sautel
754.**Dilbert (4)** – Scott Adams
755.**O jardim das cerejeiras** *seguido de* **Tio Vânia** – Tchékhov
756.**Geração Beat** – Claudio Willer
757.**Santos Dumont** – Alcy Cheuiche
758.**Budismo** – Claude B. Levenson
759.**Cleópatra** – Christian-Georges Schwentzel
760. **Revolução Francesa** – Frédéric Bluche, Stéphane Rials e Jean Tulard
761.**A crise de 1929** – Bernard Gazier
762.**Sigmund Freud** – Edson Sousa e Paulo Endo
763.**Império Romano** – Patrick Le Roux
764.**Cruzadas** – Cécile Morrisson
765.**O mistério do trem azul** – Agatha Christie
766.**Os escrúpulos de Maigret** – Simenon
767.**Maigret se diverte** – Simenon
768.**O senso comum** – Thomas Paine
769.**O parque dos dinossauros** – Michael Crichton
770.**Trilogia da paixão** – Goethe

IMPRESSÃO:

GRÁFICA EDITORA
Pallotti
IMAGEM DE QUALIDADE

Santa Maria - RS - Fone/Fax: (55) 3220.4500
www.pallotti.com.br